Ben Redelings

Schalke-Album

Unvergessliche Sprüche, Fotos, Anekdoten

Bildnachweis

Stefan Barta: S. 87, 143 (o.).

firo sportphoto: S. 4 (4), 13 (r.), 17 (o.), 28 (o.), 59, 83, 102, 109, 128, 157 (u.).

Oli Hilbring: S. 103, 122.

Horstmüller: S. 17 (u.), 18 (u.), 20 (u.), 21 (u.), 23 (l.), 24 (u.r.), 29 (u.), 33, 35, 38 (u.), 39 (u.), 42 (u.), 44, 50 (u.), 51 (u.), 54 (u.), 58, 61 (2), 62 (o.), 65 (2), 67, 69 (o.), 70, 72 (u.), 73, 75, 78, 82, 84 (o.), 88 (u.), 90 (2), 97 (u.), 107 (m.), 114 (2), 117, 120 (o.), 125 (u.r.), 127, 133, 134, 135 (r.), 138, 144, 152 (o.), 156.

imago sportfoto: Cover (Raúl und Höwedes), S. 1, 5, 7 (u.), 11, 12, 15, 45 (o.), 48 (u.), 49, 52 (l.), 56, 57, 60, 68, 76, 77, 80, 93, 95 (o.), 98, 100 (l.), 104 (u.), 106, 112 (o.), 118, 121 (o.), 130, 140 (o.), 145.

Gerrit Starczewski: S. 8 (2), 51 (o.), 55 (u.), 99 (o.), 155 (o.).

Ein besonderer Dank geht an Stefan Barta (neuebuchschmiede.de) und Detlef Aghte für die Fundstücke aus ihren Sammlungen!

Nicht in allen Fällen konnte die Urheberschaft an den Fotos ermittelt werden. Der Verlag bittet um entsprechende Hinweise, um berechtigte Ansprüche abzugelten.

Bibliografische Information der Deutschen Nationalbibliothek:
Die Deutsche Nationalbibliothek verzeichnet diese Publikation in der Deutschen Nationalbibliografie; detaillierte bibliografische Daten sind im Internet über http://dnb.d-nb.de abrufbar.

2., aktualisierte Auflage 2017

Lotzestraße 22a, D-37083 Göttingen
www.werkstatt-verlag.de

Satz und Gestaltung: Die Werkstatt Medien-Produktion GmbH
Druck und Bindung: Grafisches Centrum Cuno, Calbe

ISBN 978-3-7307-0108-9

Ben Redelings

Schalke Album

Unvergessliche Sprüche, Fotos, Anekdoten

VERLAG DIE WERKSTATT

THE ROCKY HORROR PICTURE SHOW

November 1994: Schalker Spieler als Musicalstars in der Rocky Horror Picture Show. Wer erkennt sie alle?

»Es ist ein Verein wie ein Gemälde, das von Generation zu Generation im Wohnzimmer weitergereicht wird.«

(Präsident Günter »Oskar« Siebert über »sein« Schalke)

»Das hat in hundert Jahren noch nie jemand erreicht.«

(Trainer Roberto Di Matteo auf die Frage, wie er das Schalker Umfeld bändigen wolle)

»Ich habe keine Ahnung, aber egal, wo auf der ganzen Welt du auch **›Scheiß Schalke‹ schreist – es steht immer irgendjemand auf und haut dir aufs Maul**.«

(Comedian Bernhard Hoëcker auf die Frage, wie viele Schalker es gibt)

»Schalke hat die größte Familie Deutschlands!«

(»kicker«, 1974)

»Dieser Verein wird nie **GRAU** und normal sein.«

(Rudi Assauer)

»Auf Schalke gehen schon die **Feuerwerke** los, wenn sie die Seitenwahl gewinnen.«

(Alfred Draxler)

»Eine Nationalmannschaft ohne Schalker ist wie ein Gebiss ohne Zähne.«

(Max Merkel)

»Für den Embolo-Transfer musste ich einmal schnellstens nach Montpellier reisen, aber es gab keine ›normalen‹ Flugmöglichkeiten mehr. Ein Anruf bei Tönnies und zwei Stunden später war sein ›Moped‹, wie er es nennt, da: Es hat zwei Flügel und Düsen. Auch deswegen hat der Transfer geklappt. Er lässt mich machen und hat Verständnis für meinen Weg.«

(Christian Heidel)

Gute Laune auf Schalke: Neu-Manager Christian Heidel mit Neuzugang Breel Embolo.

»Ich werde meinen Papa schon ein bisschen ärgern. Ich hab im Bernabéu gespielt und er nicht.«

(Leroy Sané)

Autogrammkarte der Saison 2015/16

»Wir liefern seit Monaten ein schlechtes Produkt ab. Wenn ich so eine schlechte Wurst machen würde, würden die Kunden sie mir vor die Füße schmeißen.«

(Clemens Tönnies)

»Wenn ich den nicht reinmache, hätten mich Leon und Klaas weggegrätscht.«

(Leroy Sané)

»Weinzierl soll zwischen 3 bis 5 Mio. Ablöse kosten. Macht es da nicht Sinn, wir leihen ihn für ein Jahr aus???«

(Aus einem Schalker Forum)

»Wenn wir nicht gewinnen, dann wollen wir im Derby zumindest den Rasen umpflügen.«

(André Breitenreiter)

»Die werden älter, wir werden erfahrener, und irgendwann schießen wir sie aus dem Stadion!«

(Horst Heldt nach einem Spiel gegen die Bayern)

»Ich bezweifle, dass Matthäus je eine Vereinsbilanz in Händen gehalten hat oder diese überhaupt fehlerfrei lesen kann.«

(Horst Heldt ist im Januar 2016 ziemlich genervt von »Loddars« Kritik an seiner Arbeit.)

FRAGE: »Was würdest du mit 15 Mio. Euro machen?«

DONIS AVDIJAJ: »Ich würde mir ein Schwimmbad bauen. Dann würde ich so reinspringen und da drinnen so schwimmen. Und dann würde ich mir Pferde kaufen drumherum, die mir dabei so zugucken. Und wenn ich rausgehe aus dem Geldschwimmbad, dann würde ich auf so ein Pferd gehen und dann wegreiten.«

»Wer redet denn da noch? Die sind doch alle im Gefängnis.«

(Horst Heldt zum Vorschlag des FIFA-Exekutivkomitees, die Teilnehmerzahl einer WM von 32 auf 40 Teams aufzustocken)

Autogrammkarte der Saison 2014/15

Trainierte den FC Schalke in der Saison 2015/16: André Breitenreiter

»Er wird am Wochenende keinen Elfmeter schießen. Mittlerweile ist die Quote so, als ob unser Zeugwart schießen würde. Da gehen wir keine Kompromisse mehr ein.«

(André Breitenreiter Ende April 2016 über seinen holländischen Starstürmer Klaas-Jan Huntelaar)

»Denen ist scheißegal, was das kostet. Die sagen sich: **Und wenn meine Alte nix zu fressen kriegt – ich fahr mit!«**

(Rudi Assauer über die Schalker Fans)

»Wir Schalker sind wie Spatzen. Überall auf der Welt zu Hause.«

(Ex-Präsident Günter Siebert)

»Kaiser und Könige sind gestorben, aber beim FC Schalke wird immer noch Fußball gespielt.«

(Clemens Tönnies)

»Schalke ist wie eine schöne Krankheit. Wenn du sie einmal hast, wirst du sie Gott sei Dank nicht mehr los.«

(Schalke-Fan Hubert Tecker)

»Warst du schon einmal richtig in eine Frau verknallt? So ist das bei mir und Schalke.«

(Fan in Uerdingen)

»Wenn der Vater aus dem Ruhrgebiet stammt, dann kommt es nicht vor, dass ein Kind Bayern-Fan wird.«

(Trainer Dieter Hecking über seine heimliche Liebe in Königsblau)

»Ich hab dort noch nie einen Punkt geholt. Vielleicht wäre es besser, ich melde mich krank.«

(Nürnbergs Trainer Hans Meyer mit Blick auf die Bundesligapartie gegen Schalke 04)

»Für mich ist es wie eine Beziehung mit einer Frau. Wenn du sagst, du möchtest gerne mit ihr zusammen sein, und sie sagt es auch, dann findet man immer einen Weg, dies möglich zu machen. Ich bin nun mit Schalke zusammen.«

(Kevin-Prince Boateng)

»Ich bin der Beste – der Beste auf der Welt.«

(Edi Glieder, Österreicher, der für Schalke 16 Bundesligaspiele absolvierte)

»Es war ein wunderschöner Augenblick, als der Bundestrainer sagte: **›Komm, Stefan, zieh deine Sachen aus, jetzt geht's los.‹«**

(Steffen Freund)

»Ihr fünf spielt jetzt vier gegen drei.«

(Fritz Langner)

»Ich war schon fünfmal Tor des Monats!«

(Klaus Fischer)

»Du kannst nichts dafür, du nicht. Ich bin der Idiot, der dich aufgestellt hat.«

(Slobodan Cendic als Trainer zu einem Spieler)

Starschnitt
Gerald Asamoah

Gerald Asamoah freut sich in der Saison 2006/07 schon seit Wochen auf die Partie am 33. Spieltag beim Revierrivalen Borussia Dortmund und verspricht: **»Sollten wir den Titel in Dortmund holen, laufe ich wieder nach Hause zurück – mit einem riesigen Glas Bier in der Hand!«** Ein Plan, den Manager Andreas Müller so oder so nicht befolgen wird: **»Ich laufe auf keinen Fall mit. Lieber schlecht gefahren als gut gelaufen!«**

»Ich weiß nicht, ob die Ärzte uns Schwarze richtig verstehen. Die kennen sich doch nur mit Weißen aus.«

(Gerald Asamoah zweifelt nach der Entdeckung eines Herzfehlers bei ihm an den Fähigkeiten der heimischen Mediziner.)

»Da krieg' ich so den Ball und das ist ja immer mein Problem.«

»Ich bin von allen deutschen Nationalspielern bisher am schwärzesten.«

»Ich denke deutsch. Ich sehe nur ein bisschen anders aus.«

»Meine Frau ist noch in Ghana. Deswegen gibt es nicht so viel zu essen. Ich hoffe, sie bleibt noch lange.«

(Über seinen Gewichtsverlust)

»Erst stand der Name meiner Frau auf den Schuhen. Da habe ich aber nicht viele Tore gemacht. Da musste sie weg.«

(Der Name, nicht die Frau natürlich)

»Es haben alle erwartet, dass ich die Nationalhymne mitsinge. Aber das habe ich extra nicht gemacht, damit nicht alle Schalker Spieler vor dem Fernseher sitzen und mich auslachen.«

»Er kämpft um jeden Ball, als wäre er der letzte seines Lebens.«

(Helmut Schulte)

»Asamoah fällt in der Manier eines Kampfbombers.«

(Werner Hansch)

Mai 2005: *Nach dem Einzug in die Champions League verpasst Gerald Asamoah Manager Rudi Assauer eine ordentliche Bierdusche.*

Ebbe Sand ist gerade angekommen auf Schalke. Der Däne freut sich auf seinen neuen Verein, ohne genau zu wissen, dass dies ein ganz spezieller ist. Und das gilt nicht nur für die fanatischen Fans, sondern auch für die Mitarbeiter auf der Geschäftsstelle. **Assauers Sekretärin Sabine Söldner, eine Enkelin des königsblauen Unikats Charly Neumann, ist immer gerade heraus und eine Frau der Tat. Und: Sie hat eine »Top 10 der strammen Waden« eingeführt auf Schalke.** Neuzugänge haben sich sofort in ihrem Büro einzufinden. So auch Ebbe Sand, wie sich Sabine Söldner in der Fanzeitung »Schalke Unser« erinnert: **»Und dann kam Ebbe in mein Büro, stand da, und ich sagte zu ihm: ›Okay, gehst du bitte mal drei Schritte zurück, kannst du dich bitte mal umdrehen, kann ich auch mal deine Waden anfassen?‹ Der wusste nicht, wie ihm geschah. Und dann habe ich den Waden- und Oberschenkeltest gemacht. Ich glaube, so schnell ist nie wieder einer aus meinem Büro gelaufen. Und alle standen vor meiner Tür und haben sich kaputtgelacht. Abgerollt und Pipi in den Augen.«** Trainer Huub Stevens ist übrigens sauer, dass er nur auf Platz sechs gelandet ist.

Mai 2001: Ebbe Sand wird von Mike Büskens mit Sand beschüttet.

»Dat mit Raúl erzähl ich meine Enkel!«

(Plakatspruch beim letzten Heimspiel von Weltstar Raúl auf Schalke)

Raúl erhält bei seiner Vorstellung auf Schalke zur Begrüßung ein Stück Kohle …

»Schalten wir rüber zum **SV Schalke**.«

(Wolf-Dieter Poschmann)

»Wenn ich auf Schalke bin, weiß ich, was es heißt: **Ich bin weg – weggerissen aus meinen Sorgen und Nöten, Verpflichtungen und Terminen.«**

(Kardinal Franz Hengsbach)

»Das ist ja Europas modernste Großraumsauna.«

(Heiko Herrlich zur Arena auf Schalke)

»Nein, nicht der Bessere soll gewinnen, sondern Schalke.«

(SPD-Politiker Klaus Lohmann)

»Ich komme von ganz unten. Deshalb passe ich oben ganz genau auf.«

(Günter Eichberg)

»Man soll auch die anderen Mannschaften nicht unter dem Teppich kehren lassen.«

(Olaf Thon)

Starschnitt

Ingo Anderbrügge

»Das Tor gehört zu **70 Prozent** mir und zu **40 Prozent** dem Wilmots.«

»Ingo Anderbrügge, der Mann mit dem härtesten Schuss der Liga. Alle denken, jetzt holt er den Hammer raus. Aber es war nur der Glasschneider.«

(Werner Hansch)

»Ich habe zum ersten Mal gegen eine Mannschaft mit **schwarzen Trikots** gespielt. Das ist ja schlimm, man denkt, da laufen lauter Schiedsrichter herum.«

»Ich bin doch hier nicht der Hans Doof. Wir haben so viele Verletzte. Einer spielt nur mit einem Arm – und ein anderer mit 40 Grad Fieber – und dann bin ich immer noch der Letzte, der eingewechselt wird.«

»Ich habe einfach draufgehalten – wie das ein Torjäger eben so macht.«

(Sagt der Abwehrspieler Thomas Linke.)

»Unsere Chancen stehen **70:50**.«

(Thorsten Legat)

»Wenn wir gewinnen, spielen wir am Sonntag immer Fußball. Wenn wir verlieren, dann machen wir einen Waldlauf. Deshalb versuchen wir immer zu gewinnen.«

(Kevin Kuranyi)

»Man darf das Spiel doch nicht so schlechtreden, wie es wirklich war.«

(Olaf Thon)

»Die Liebe der Fans wird Schalke für immer am Leben halten.«

(Christoph Metzelder)

»Jiri möchte eigentlich keine Tore machen, weil er es hasst, umarmt zu werden und im Mittelpunkt zu stehen.«

(Rudi Assauer über die Torgefährlichkeit von Jiri Nemec)

Starschnitt

Charly Neumann

»I am the Maskottchen of Schalke.«

(Auf die Frage eines ausländischen Reporters nach seiner Funktion)

»Jetzt hör mal zu. Du kannst nicht immer nur nach Dortmund gehen, du wirst jetzt erst mal bei uns Mitglied. Ich schick dir die Unterlagen zu.«

(Zu Bundeskanzler Schröder)

»Ich sehe am Himmel einen UEFA-Cup-Platz. Wenn nur unten nicht das Jammertal wäre.«

»Ich rieche einen UEFA-Cup-Platz!«

(Vor einer neuen Saison)

»In schlechten Zeiten müsst ihr Schalker sein – in guten haben wir genug davon.«

»Knack hat das gemacht und ich hab mir sofort ans Bein gefasst, weil ich dachte, es wäre **mein** Knochen gewesen.«

(Über einen Beinbruch von Klaus Fischer direkt vor der Trainerbank)

»Charly würde auch im kältesten Winter für Schalke ins Wasser springen – **vorausgesetzt, es wären genügend Fotografen da.**«

(Autor Helmut Holz)

Charly Neumann als Dr. Scott in der Rocky Horror Picture Show 1994/95

Charly Neumanns Lieblingswitz:

»Was ist der Unterschied zwischen dem Schalker Verwaltungsrat und einer Waschmaschine? Ganz einfach: Eine Waschmaschine kann man entkalken!«

Was für eine Gelegenheit! Wolfram Wuttke zögert nicht lange, als er den neuen Mercedes vor der Geschäftsstelle stehen sieht. Schlüssel steckt, reingesetzt und mit Vollgas einmal rund um den Parkplatz. Als er aussteigt, steht der Wagenbesitzer schon mit hochrotem Kopf bereit. Charly Neumann verpasst dem kleinen Wuttke mit voller Wucht eine Backpfeife: **»Nur damit du weißt, dass ich solche Scherze nicht liebe!«**

Rüdiger Abramczik mit Charly Neumann im April 1980

»Ich sage es mal mit einem Spruch aus der Kreisliga A: **Am Ende ist der Pimmel dick!**«

(Lewis Holtby)

»Schalke scheint in den Köpfen der Fans einen Pfeifreiz auszulösen.«

(Klaus Allofs zu den Pfiffen bei der Verabschiedung von Werders Kapitän Fabian Ernst, der zu Schalke 04 wechselt)

»Ich musste lernen, was Olympique Marseille auf Deutsch heißt: Schalke 04.«

(Soziologe Alfred Grosser)

Schalkes Trainerbank im März 1990: Klaus Fischer, Trainer Peter Neururer, Präsident Günter Eichberg und Helmut Kremers

»Ich mag ehrgeizige, willensstarke Spieler. Obwohl man natürlich auch sagen muss: Ein allzu eiserner Wille fängt leicht zu rosten an.«

(Günter Eichberg)

»Bei manchen Spielern fehlt etwas, deshalb spielen sie auch bei mir und nicht in Barcelona.«

(Aleksandar Ristic)

»Ich will jetzt nicht noch zusätzlich Feuer ins Öl gießen.«

(Friedel Rausch)

Starschnitt
Julian Draxler

»Julian Draxler macht sich bereit. 17 Jahre. Der jüngste Schalker aller Zeiten, der in der Bundesliga gespielt hat, der **Rüdiger Abramowitsch** abgewechselt hat.«

(Wolf-Dieter Poschmann meinte wohl eher die Schalker Legende Abramczik.)

»Bier ist ja, glaub ich, ab 16 erlaubt, und wenn nicht – ich hab's auf jeden Fall gemacht.«

(Der 17-Jährige zu den Pokalfeierlichkeiten in der Kabine)

»Sollte ich keiner Gehirnwäsche unterzogen werden, wechsele ich nie nach **Dortmund**!«

»Ich kann ein für allemal versprechen, dass ich nicht für **Borussia Dortmund** spielen werde.«

»Das Grinsen wird noch etwas auf den Lippen bleiben.«

(Nach einem 2:1 im Revierderby gegen Borussia Dortmund, in dem er selbst getroffen hatte)

Starschnitt

Rüdiger Abramczik

»Was heißt brutto oder netto? Bar auf die Hand will ich's!«

Max Merkel: »Unser Abramczik wird in seinem Leben nie Kopfweh bekommen, weil er seinen Kopf nie zum Denken benutzen wird. Wenn ein Mittelstürmer dauernd im Abseits steht, so kann ich das verstehen. Schließlich muss der nach zwei Seiten beobachten, und das ist manchmal zu viel verlangt. Ein Rechtsaußen aber muss nur nach einer Seite schauen. Doch noch nicht einmal das schafft dieser Junge. Eher werde ich ein Sänger an der Metropolitan Opera als der Abramczik ein großer Fußballer bei Schalke!«

Als ihr langjähriges Idol, der ruhmreiche »Flankengott«, Rüdiger »Abi« Abramczik, 1980 die Königsblauen ein paar Meter weiter östlich mit den schwarz-gelben Zecken betrügt, singen die Fans süffisant: »... wir kommen alle, alle, alle in den Himmel, weil wir so brav sind, weil wir so brav sind, das sieht auch der Abi ein, das alte Borussenschwein ... wir kommen alle, alle, alle in den Himmel ...«

Rüdiger Abramczik: »Als ich meinen ersten Vertrag auf Schalke unterschrieben hatte, bin ich mit Günter Siebert, unserem Präsidenten, zu Opel Doerpinghaus, und da wollte er mir natürlich so einen Kleinen andrehen und meinte immer: **›Ja, nimm doch den oder den da.‹** Aber da hab ich diesen Manta gesehen, 19SR oder wie auch immer, und das war ein toller Wagen. Leider hatte der keine blaue Farbe, der war orangefarben, und da sagte der Siebert immer: **›Nein, Mensch, nimm doch 'nen anderen, nimm den blauen hier.‹** Aber da habe ich gesagt: **›Nee, nee, Oskar, auf keinen Fall, ich nehm den hier.‹** Na ja, dann habe ich ihn breitgeschlagen, und dann hat er mir den Wagen doch gekauft!«

ABRAMCZIK

Was macht der Flankengott beim Busen-Doc?

Im Jahr 2013 titelt die »Bild«: **»Was macht der Flankengott beim Busen-Doc?«**, und schreibt dann weiter: **»Wenn einem der Busenfreund einen neuen Job besorgt – dann kommt man in die Busenklinik!«** Und was macht Abi genau vor Ort? Schönheitschirurg Dr. Petr Bolatzky: **»Ich habe ein 40-köpfiges Team. Das will bei Laune gehalten werden. Und dafür ist Abi Spezialist.«** Abramczik: **»Als Trainer musst du ja auch eine Mannschaft motivieren können.«**

Die Brüder Volker und Rüdiger Abramzik 1979 vor ihrem Sportgeschäft

»Lieber ein Riese im Tor als ein Zwerg im Vorgarten.«

(Werner Hansch über Schalkes Tormann Holger Gehrke)

»Ailton, bisher hat er gespielt wie ein Haufen wehleidiger Quark.«

(Werner Hansch)

»Das Köpfen ist des Müllers Lust.«

(Karlheinz Vest über Andreas Müller)

»Ein auswärts erzielter Punkt zählt immer.«

(Willi Schulz)

»Nee, Renault!«

*(Jürgen Wegmann ohne Umschweife auf die Frage, ob er sich einen Wagen **mit oder ohne Katalysator gekauft** habe)*

»Es wird langsam Zeit, dass wir Köpfe mit Nägeln machen.«

(Klaus Täuber)

»Du könntest eigentlich auch mal wieder zum Friseur gehen. Du siehst ja aus wie ein Weib von hinten.«

(Rüdiger Abramczik zu Schalker Kremers)

Die Schalker Fans sind nicht wirklich begeistert darüber, dass man ihnen immer wieder alternde Ex-Stars vorsetzt. Besorgt fragen sie sich:

»Erst Abi, dann Fichtel, wann kommt Kuzorra?«

Uwe Seeler und Klaus Fichtel

»Das war überhaupt der Beste, den wir hatten. Der hat nur 50 Prozent aus dem gemacht, was der konnte. Der hatte leider nicht den Drive, **der kloppte lieber Skat!**«

(Hannes Bongartz über Jürgen Sobieray)

Die Trainer-Legende Max Merkel über das Alter, als er selbst 64 Jahre jung ist: »Es gibt welche, die sich mit 35 Jahren schon wie ein Opa bewegen, und andere, die verloben sich mit 75. Bei einem Kreislauftest, bei dem sie mich an mindestens 100.000 Drähte angeschlossen hatten, wurden bei mir Werte wie beim 30-Jährigen festgestellt. Wenn ich nicht schon verheiratet gewesen wäre, hätte ich mich auf der Stelle verlobt! **Ich bin der Adenauer des Fußballs! Ohne Übertreibung: Ich bin noch so prima beieinander, dass mir nach'm zweiten Mal höchstens die Knie wehtun.**«

Schalke-Präsident Günter Siebert

fragt in die Runde: **»Wo wohnt Günter Siebert?«** Richtige Antwort: **»Im Herzen aller Schalker!«** Kommt die Antwort, gibt es Freibier!

Starschnitt

Klaus Fichtel

»Klaus Fichtel musste meistens im Spiel einmal pinkeln. Der ist dann im Parkstadion hinters Tor gelaufen, hat so getan, als ob er was gehabt hätte, hat dann gepinkelt und ist dann wieder aufs Spielfeld gelaufen. Das kann man heute nicht mehr so machen.«

(Rüdiger Abramczik)

»Mein täglicher Mittagsschlaf.«

(Über das Geheimnis seiner 552 Bundesligaspiele)

»Der Wald stirbt – die Tanne steht!«

(Fanplakat auf Schalke für Fichtel, der noch mit 43 Jahren auf dem Platz stand)

»Berlin gut und schön. Ich bleibe lieber im Westen. Ich würde selbst ein Angebot Schalkes oder eines anderen Westklubs akzeptieren, das um 20.000 Mark niedriger liegt als das Berlins oder Bayerns.«

Schalker Stopper Klaus Fichtel: „Einmal und nicht wieder!"

…ubelt schon: Bundesliga, wir … Marino Fioretti auch. Auf sein… Fans und sogar die Spieler…

Schalke bläst zur Attacke

Kennen Sie eigentlich das große Geheimnis von Schalke? Die Mannschaft spielt zu Hause mit zwölf Mann. Denn in der Südkurve steht Marino Fioretti (25). Wenn der Deutsch-Italiener auf seiner Trompete zum Angriff bläst, schreit das ganze Stadion: „Attacke!" Ein Zeichen für die Mannschaft: Gas geben, Jungs! Fioretti: „Es sind schon häufig kurz nach meinem Trompeten-Signal Tore gefallen."

Die Herren auf Schalke wissen, was sie am lautesten Fan des Parkstadions haben. Fioretti: „Harry Bruchhagen von der Schalke-Marketing GmbH hat mir das Geld für die Trompete gegeben. Das hat ja alles ärmlich angefangen."

Und zwar so: Zum Saisonauftakt gegen Saarbrücken nimmt Fioretti seine Tröte mit, bläst beim allgemeinen Jubel wild ins Horn: „Die Melodie, die heute alle kennen, habe ich zwei Wochen später bei den ZDF-Mainzelmännchen gehört. In Osnabrück habe ich sie dann geblasen."

Die Schalke-Fans scheinen darauf gewartet zu haben. Fioretti: „Schon beim dritten oder vierten Male schrien einige: ‚Attacke!' Beim nächsten Spiel gegen Havelse brüllte die ganze Südkurve mit."

Ein Fan erklärte Fioretti, was er da für berühmte Noten spielt: „Das ist das Angriffsignal der Südstaatler aus dem amerikanischen Bürgerkrieg." Liegt irgendwie nahe: Schließlich gehört Fioretti zum Schalke-Fan-Club „Blue White Confederation" – auch die Südstaatler nannten sich „die Konföderierten"

Auf Schalke haben sie den ersten Vollzeit-Fan der Liga engagiert. Trompeter Mario Fioretti bekommt das Geld für sein Instrument von Heribert Bruchhagen von der Schalke-Marketing GmbH, und ein Sponsor entlohnt den ehemaligen Baggerfahrer für seine Blas-Dienste mit einem monatlichen Gehalt. Seine berühmteste Melodie, die vor dem gemeinsamen Schlachtruf **»Attacke!«** erklingt, hat er aus dem Fernsehen: **»Die habe ich bei den ZDF-Mainzelmännchen gehört.«** Nun probt er fleißig neue Musikstücke. Für die Erfolgsstunden soll es **»So ein Tag, so wunderschön wie heute«** und für einen anderen, ganz besonderen Moment dies hier sein, wie Fioretti mit leuchtenden Augen erzählt: »**Wenn wir Thon haben, spielen wir in fünf Jahren um die Meisterschaft mit. Bis dahin muss ich unbedingt den Triumphmarsch aus ›Aida‹ draufhaben.«**

Andreas Möller bei seiner Vorstellung auf Schalke: »Mein Lieblingswort heißt ab sofort **Attacke**.«

Starschnitt Klaus Fischer

»Ich besaß als Kind nur ein einziges Spielzeug, **es war ein Ball**.«

Klaus Fischer ist schwer verletzt, Schalke steht kurz vorm Abgrund, und Kapitän Bernd Thiele sehnt den Stürmer mit allen ihm zur Verfügung stehenden Mitteln herbei: **»Ich schließe ihn jeden Abend in mein Nachtgebet mit ein!«**

Alfredo di Stefano ist hin und weg:

»Ich habe ja auch viele, viele Tore in meiner Laufbahn geschossen, aber dieser Fischer ist ein Mittelstürmer von besonderer Güte, **ein Mittelstürmer der Extraklasse**!«

»Der Klaus ist ein ehrlicher Kerl. Der ist für mich wie der Bayerische Wald. Für den würde ich sogar in den Krieg ziehen!«

(Vereinswirt Gerhard Bosch über Klaus Fischer)

»Über Schalke wusste ich damals noch nicht viel. Ich kannte den legendären Stan Libuda und wusste, dass Klaus Fichtel in der Nationalmannschaft spielte, aber über das Ruhrgebiet an sich habe ich mir keine allzu großen Gedanken gemacht, obwohl meine Mutter mir gesagt hatte: **›Wenn du da hochgehst, kannst du kein weißes Hemd mehr anziehen.‹«**

(Klaus Fischer, bevor er aus dem bayrischen Zwiesel zum FC Schalke 04 kam)

Schalke ist in der UdSSR im Trainingslager. Stürmer Klaus Fischer fühlt sich nicht wohl und muss aufs Klo. Doch da verklebt etwas die WC-Brille. Schnell rennt er hinüber zum Zimmer von Erwin Kremers: **»Erwin, darf ich mal bei dir auf die Toilette? Meine hat das Rote Kreuz gesperrt!«** Kremers guckt etwas verdutzt, aber erlaubt seinem Mannschaftskameraden natürlich den Gang auf sein Klo. Doch da kommt Fischer schon wieder aus dem WC herausgestürmt: **»Mist, deine Toilette haben sie auch gesperrt!«** Kremers läuft neugierig aufs Klo und kann sich vor Lachen gar nicht mehr beruhigen. Über die Toilettenbrille ist eine Schutzfolie gespannt, auf der ein Kreuz prangt – die in Hotels damals übliche Markierung für ein gereinigtes WC!

»Ich lese keine Bücher.«

(Auf die Frage nach seinem Lieblingsbuch)

Torwart Jens Lehmann schreibt mit seinem Feldtor gegen Dortmund Fußballgeschichte. Am 20. Spieltag der Saison 1997/98 steht es in der 90. Minute 2:1 für Borussia Dortmund, als Lehmann mit nach vorne kommt und per Kopf den 2:2-Ausgleich erzielt. Es ist das erste Feldtor eines Keepers in 34 Jahren Bundesliga. Auf Schalke ruft man ab sofort in brenzligen Situationen kurz vor Schluss: »Auf geht's, Lehmann, köpf ein Tor, köpf ein Tor …«

Steffen Freund beschert den Königsblauen durch sein Tor einen Punkt beim FC Bayern München. Trainer Udo Lattek sieht seinen 22-jährigen Schützling bereits auf dem Weg in die Nationalmannschaft und sagt mit einem breiten Grinsen im Gesicht: **»Das Spiel stand heute unter dem Motto: Mein Freund ist Ausländer. Aber mein Freund ist der Größte!«**

Schießt Täuber 15 Tore, gibt Assauer Spanferkel

»Gegen den Täuber war mein Stammplatz auf der Aschenbahn!«
(Fritz Walter erinnert sich nicht gerne an seinen härtesten Gegenspieler in der Bundesliga, Klaus Täuber.)

Starschnitt

Kremers-Zwillinge

»Wenn wir früher gegen Dortmund gespielt haben, haben wir uns vorher gar nicht umgezogen.«

(Helmut Kremers auf der Schalker JHV)

»Einmal gehe ich rechts vorbei, dann wieder links, dann wieder spiele ich den Ball durch die Beine oder mache einen Doppelpass mit einem Schalker Mitspieler. Ich variiere ganz bewusst, so dass es meine Kontrahenten besonders schwer haben. Man muss immer wieder etwas Neues bringen im Showgeschäft.«

(Erwin Kremers)

Einer von Max Merkels Sprüchen während seiner Zeit bei den Königsblauen ist auch dieser: »Das Beste an Schalke ist die Autobahnauffahrt nach München.« Und da die Kremers-Zwillinge keine ganz großen Merkel-Fans sind, lassen sie sich etwas Besonderes für ihren Trainer einfallen. In einer Nacht- und Nebelaktion entwenden sie alle vier Reifen von Merkels Wagen. Das Gesicht ihres Übungsleiters am nächsten Morgen entschädigt die Mannschaft für vieles. Die herbeibestellten Boulevard-Fotografen schießen unter dem Gelächter der Spieler Fotos des auf Backsteinen aufgebockten BMWs.

»Schalten wir rüber zum SV Schalke.«

(Wolf-Dieter Poschmann)

»Sand hat Sand im Getriebe.«

(Wolfgang Ley über den Schalker Spieler Ebbe Sand)

»Seit Tagen nichts in der ›Bild‹-Zeitung – **bei uns stimmt doch was nicht!**«

(Ede Lichterfeld, Mannschaftsbetreuer)

»Ich werfe elf Trikots hoch. Wer eins fängt, darf spielen.«

(Peter Neururer)

»Hasse kein Pulver, brauchste nich auf Schalke.«

(Rudi Assauer zu Kindern, die Freikarten wollten)

»Ich möchte mich entschuldigen, dass die Pressekonferenz so spät anfängt. Aber da seine Spieler kein Wort mehr sprechen, quatscht jetzt der Slomka ohne Ende.«

(Hans Meyer über Mirko Slomka)

Starschnitt Manuel Neuer

»Chicko, das ist unser fetziger junger Hahn, der Skateboard fährt, sich bei Facebook auskennt und jede Bühne rockt«, verkündet der Geschäftsführer von Mr. Chicken stolz und begrüßt den Premierengast Manuel Neuer in Gelsenkirchen-Ückendorf am Drive-In-Schalter. Und der Schalker Torhüter bestellt vor den Augen von »Chicko« gleich einmal ganz gesundheitsbewusst einen selbst zusammengestellten Chicken-Burger: »Ohne Zwiebeln, ohne Knoblauch, mit 'nem bisschen Gemüse, da darf auch Joghurt-Dressing oder Tsatsiki dabei sein – alles kein Problem.«

Am 29. Spieltag *der Saison 2008/09 siegt der FC Schalke 04 mit 1:0 in der Münchner Arena und wirft den FC Bayern im Titelkampf ein gutes Stück zurück. S04-Torwart Manuel Neuer genießt die Momente des Triumphs und erinnert sich in diesen Sekunden an Oliver Kahn und seinen Jubel vom 19. Mai 2001 in Hamburg, als die Bayern den Königsblauen im letzten Moment die Meisterschale wegschnappten: »Ich habe mich so wahnsinnig über unseren Sieg gefreut. Und in diesem Augenblick kam mir die Szene von damals wieder hoch. Ich stand damals im Parkstadion und habe mitgelitten. Da habe ich ganz schlimme Minuten erlebt. Vielleicht war das ja jetzt eine kleine Genugtuung für viele unserer Fans.«*

»Vielleicht hätte Jauch in der Veltins-Arena mal den Publikumsjoker ziehen sollen, dann hätte er die richtige Antwort gehabt.«

(Manuel Neuer, als Jauch wettete, er wüsste, dass Neuer bald zu Bayern geht)

Charly Neumann liebt seinen Verein – und sein Verein liebt ihn. Der Großgastronom ist aber auch eine Seele von Mensch: »Ich mache alles auf Schalke. Den Alleinunterhalter, den Fahrer, den Clown – und wenn es sein muss, putze ich den Jungs auch noch die Schuhe. Für Schalke würde ich mein letztes Hemd geben. Auch wenn ich arm wie eine Kirchenmaus wäre. Ich bin der letzte wahre Schalker.«

»Früher habe ich die Kugel am Elfmeterpunkt gestoppt, den Torwart gefragt, wie alt er ist und wo er wohnt – und habe sie dann reingeschossen. Das geht nicht mehr.«

(Kurt Jara)

»Nein, der ist gelb.«

(Mike Hanke auf die Frage, ob er nach einem Sieg gegen den HSV den Spielball mit nach Hause nehmen wolle)

»Gott ist auch in Gelsenkirchen.«

(Marcelo Bordon zum Standort seines künftigen Arbeitgebers, den FC Schalke 04)

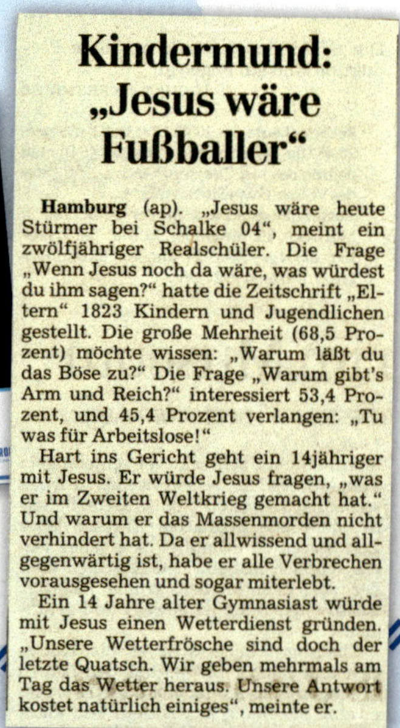

Kindermund: „Jesus wäre Fußballer“

Hamburg (ap). „Jesus wäre heute Stürmer bei Schalke 04“, meint ein zwölfjähriger Realschüler. Die Frage „Wenn Jesus noch da wäre, was würdest du ihm sagen?“ hatte die Zeitschrift „Eltern“ 1823 Kindern und Jugendlichen gestellt. Die große Mehrheit (68,5 Prozent) möchte wissen: „Warum läßt du das Böse zu?“ Die Frage „Warum gibt's Arm und Reich?“ interessiert 53,4 Prozent, und 45,4 Prozent verlangen: „Tu was für Arbeitslose!“

Hart ins Gericht geht ein 14jähriger mit Jesus. Er würde Jesus fragen, „was er im Zweiten Weltkrieg gemacht hat.“ Und warum er das Massenmorden nicht verhindert hat. Da er allwissend und allgegenwärtig ist, habe er alle Verbrechen vorausgesehen und sogar miterlebt.

Ein 14 Jahre alter Gymnasiast würde mit Jesus einen Wetterdienst gründen. „Unsere Wetterfrösche sind doch der letzte Quatsch. Wir geben mehrmals am Tag das Wetter heraus. Unsere Antwort kostet natürlich einiges“, meinte er.

»Lauft euch schon mal warm. 20 Runden müssten reichen.«

(Trainer Fritz Langner)

»Wenn man nur die Boulevard-Presse liest, vergisst man das eine oder andere Gedicht.«

(Frank Rost erklärte einem Reporter einen »Zauberlehrling«-Vergleich eine Woche zuvor.)

Harte Jungs, diese Männer des S04. Am 14. März 1984 wird Manni Drexler beim Pokalspiel gegen Hertha BSC drei Minuten vor Schluss der Verlängerung von Torwart Gregor Quasten umgetreten. Der Knöchel wuchert aus dem Fuß heraus. Und was sagt **Manfred Drexler: »Ich habe den Knöchel noch reingedrückt, weil ich in dem Augenblick keine Schmerzen verspürte.«**

»Natürlich bin ich auch ein Zweifler. Aber ich sage Ihnen auch: Der Zweifelnde zweifelt an sich selbst zuletzt.«

(Hannes Bongartz)

»Wenn Ebbe Sand heute ein Tor schießen will, muss er nicht nur zwei Verteidiger, sondern auch noch den Agali umspielen.«

(Ex-Nationalspieler Klaus Fischer ist kein Fan von Agali.)

Ebbe Sand auf den Schultern von Tomasz Waldoch bei ihrer Verabschiedung

»So einen Torwart wie den Rost habe ich noch nie gesehen, ich dachte, da würde die chinesische Mauer stehen.«

(Bielefelds Fatmir Vata)

Starschnitt
Stan Libuda

Auf der Beerdigung des Schalker Idols **Stan Libuda** hat 1996 Pfarrer Goldmann in der Dreifaltigkeitskirche in Gelsenkirchen in theologisch korrekter Abwandlung der inzwischen berühmten Sentenz gesagt: **»An Gott kommt keiner vorbei, auch nicht Reinhard Libuda.«** Acht lange Jahre kommt aber auch kein Besucher des Grabes des einzigartigen Stan an einer ungeheuren Peinlichkeit vorbei. Von 1996 bis 2002 steht auf seinem Stein nämlich »Rainhard Libuda«, bis Schalke 04 – in Person des damaligen Managers Rudi Assauer – endlich für das »e« in Libudas Vornamen sorgt. Auch ohne eigenes Denkmal wird der Flügelstürmer aber seinen Fans immer im Gedächtnis bleiben, als einer der Größten, der je auf Schalke gespielt hat. Oder wie Günter Siebert es in einem Anflug von Poesie einmal sagte: **»Was die Callas im Singen war, das war der Stan für den Fußball.«**

Der gebürtige Wattenscheider Willi Schulz schnalzt noch heute mit der Zunge, wenn er an den quirligen Jungen auf Rechtsaußen denkt: *»Libuda hat alle schwindelig gespielt. Gegen Schottland hat der gegen den Tommy Gemmell gestanden. Der fuhr zurück auf die Insel und hat sich am nächsten Tag mit dem Rasenmäher einen Zeh abgeschnitten, weil er sich immer noch wie ein Kreisel drehte. Denkst du an Stan, ist der Zeh weg – ja, so war das damals.«*

Reinhard »Stan« Libuda vor seinem Toto-Lotto-Geschäft 1975

»Ich bin ein anderer.«

»Mensch – ich bin doch der Libuda!«

(Auf den Hinweis seiner Thekennachbarin, nach drei geschnorrten Zigaretten könne er sich gefälligst eine eigene Packung kaufen)

»I am the white ring.«

*(Libuda meinte wohl eigentlich **»right wing«**, also Rechtsaußen.)*

»Ich habe noch nie einen Spieler gesehen, nie davor, nie danach, der so oft seinen Gegner per Beinschuss vernatzt hat. Aber nicht, dass er sich das vorher überlegt hatte, das kam bei ihm spontan, intuitiv.«

(Friedel Rausch)

»Was denkst du, was deine Frau jetzt zu Hause macht!?«

(Beliebter Spruch von Gegenspielern zu Stan Libuda)

Libuda weicht im Kreise der besten Fußballer Deutschlands den Journalisten aus, um keine Interviews geben zu müssen. Seine Begründung: **»Ich kann doch bei der Nationalmannschaft nicht dat und wat sagen.«**

»Dieser Mann ist nur mit einer Flinte zu stoppen.«

(Bulgariens Nationaltrainer Dr. Boskov)

»Diesmal haben wir nur 2:1 verloren. Dein Vorgänger war deutlich besser.«

(Gladbachs Trainer Hans Meyer zu seinem Schalker Kollegen Frank Neubarth in Anspielung auf die 0:2-Niederlage in der Vorsaison)

»Im Training habe ich mal die Alkoholiker meiner Mannschaft gegen die Antialkoholiker spielen lassen. Die Alkoholiker gewannen 7:1. Da war's mir wurscht. Da hab i g'sagt: **›Sauft's weiter.‹**«

(Max Merkel)

»Einen hatte ich mal. Ein ganz wunderbarer Typ! Aber er hat sich über seine eigene Situation, über die Situation seines Gegenspielers, über die Sozialstrukturen in seiner Mannschaft so viele Gedanken gemacht, er hat mitten im Spiel alles so bilateral und multilateral behandelt – da war immer der Ball weg.«

(Peter Neururer auf die Frage, ob es Spieler gibt, die zu klug für Fußball sind)

»Uns haben **teilweise Zentimeter gefehlt**, teilweise aber **auch die Präzision**.«

(Ralf Rangnick)

»Wir haben beim DFB einen Antrag gestellt, ob wir den Mannschaftsbus ins Tor stellen dürfen.«

(Jens Keller vor einem Spiel beim FC Bayern München)

International football at the Baseball Ground

DERBY COUNTY v SCHALKE 04

(England) (West Germany)

Saturday, August 7, 1971 (7.30 p.m.)

GOALS BY Kevin Hector, who netted twice, and John O'Hare carried Derby County to a well-deserved 3-1 victory over Schalke 04, this evening's pre-season friendly visitors to the Baseball Ground, in Gelsenkirchen just ten days ago.

That was the first game in a successful three-match tour by the Rams, who also defeated Werder Bremen in West Germany and then crossed in to Holland to take on Go-Ahead Deventer.

Tonight, Schalke are out for revenge, and are equally keen to wipe out memories of their last visit to this country. That was in 1970, when they were hammered 5-1 by Manchester City in a European Cup-Winners' Cup semi-final second leg.

Schalke had won the first leg, but City went through on a 5-2 aggregate ... and duly defeated Gornik of Poland 2-1 in the Viennese rain to lift the coveted trophy.

The Germans had stepped over Shamrock Rovers, Norrkoping and Dinamo Zagreb (despite defeat in the away leg of the quarter-finals) to celebrate their second-choice entry in to the competition; Bayern Munich won the German Cup, but the League title leg of their domestic double took precedence and they went instead for the European Cup—losing to St. Etienne of France in the preliminary round.

Seven times German champions, runners-up once, Cup winners once and beaten finalist on six occasions, Schalke had an early taste of European competition when they qualified for the 1958-59 European Cup. They started well, pipping Wolves 4-3, but Athletico Madrid outgunned them by a 4-1 score in round two.

Finishing sixth, Schalke have been a little unlucky to miss a place in the 1971-72 E.U.F.A. Cup (the Fairs Cup that was).

Moenchengladbach are again Bundesliga champions, the first club to win the title twice, and enter the European Cup; Bayern take the Cup-Winners' Cup place, while Hertha (third), Eintracht Brunswick (fourth) and fifth-placed Hamburg are in the reorganised tourney, together with Cologne, who edge out Schalke because they were Cup finalists.

DAVID MOORE

WORLD CUP stars LIBUDA (above), who played a big part in West Germany's march to the Mexico semi-finals, and FICHTEL.

Left to right—Back: Sobieray, Huhse, Van Den Berg, Manns, Hoffmann, Scheer, Libuda, Fichtel, Beverungen, Van Haaren, Nigbur. Front: Russmann, Lutkebohmert, Pohlfuhr, Holz, Pabst, Hehsling, Kremers (Heim), Fischer, Kremers (Erwin), Braun.

Free programme — with the compliments of Derby County Football Club

Wenigstens einen Schutzengel hätte Rudi Assauer 2002 beim Autokorso nach dem 4:2-Sieg im DFB-Pokalfinale gegen Leverkusen auch gut gebrauchen können. Als der damalige Schalker Manager einmal kurz nicht aufpasste, glitt ihm der Pokal aus den Händen und knallte aus einigen Metern Höhe auf den Asphaltboden. Ein Stein ging verloren, und der Pott hatte sichtlich Schieflage erlitten. Goldschmied Wilhelm Nagel musste den Pokal aufwendig restaurieren. Eine kostspielige Angelegenheit für Assauer und den Verein. Doch was ein echter Kerl ist, der lässt sich auch von solch einer Sache nicht irritieren. Auf die Frage eines Journalisten, ob er bei einem möglichen weiteren Titel etwas sorgfältiger mit dem Pokal umgehen würde, antwortete Assauer unmissverständlich: **»Wenn er wieder im Weg steht, geht er eben wieder kaputt.«**

»Läuft parallel noch ein anderes Spiel und nimmt uns noch jemand den Pokal weg?«

(Jörg Böhme nach dem gewonnenen DFB-Pokalfinale)

Starschnitt Norbert Nigbur

»Was wäre wohl, wenn Nigburs Gehalt einmal an der großen Anzeigetafel im Stadion leuchten würde, und die Leute würden das dann mit den gezeigten Leistungen vergleichen?«

(Max Merkel)

Nigbur, Nigbur über alles!

Großartige Bayern fanden in ihm ihren Meister

FC Schalke 04 — Bayern München 1:0 (0:0)

Schalke: Nigbur (1) — Sobieray (2), Rüssmann (2), Fichtel (2), Huhse (2) — Lütkebohmert (1), Scheer (2), van Haeren (2) — Libuda (3), Fischer (2), E. Kremers (2) — Trainer: Horvat.

München: Maier (3) — Koppenhöfer (2), Schwarzenbeck (2), Beckenbauer (1), Breitner (2) — Roth (2), Zobel (2), Hoeness (2) — Krauthausen (3), Müller (2), Sühnholz (3) — Trainer: Lattek.

Tor: 1:0 van Haeren (77.) — **SR:** Biwersi (Bliesransbach) — **Zuschauer:** 38 500 (ausverkauft).

Norbert Nigbur rappt in seinem Smashhit **»Darum weißt du nichts von mir«** zu fetzigen Diskorhythmen die unsterblichen Zeilen: **»In der Wohnung geht ein Licht an, und ich dachte, ein Gedicht, man. Denn ich sah dich am Fenster stehen, die Figur und so, wunderschön.«**

Auf Schalke ist eins klar: Torwart Norbert Nigbur darf nicht mehr in den königsblauen Kasten! Dafür wird Manager Assauer schon sorgen: »Bevor Nigbur spielt, müssen sich Junghans und Sandhofe die Beine brechen!«

Wolfgang Grupp, der Besitzer des Schalker Trikotsponsors »Trigema«, ist entsetzt ob der Leistung des königsblauen Torwarts Norbert Nigbur: **»Der dürfte bei mir nicht einmal den Hof fegen. Der hat die Mannschaft um den Sieg gebracht. Einen solch arroganten Kerl sollte Schalke rausschmeißen.«** Auch Trainer Jusufi ist sauer: **»Der hat uns das Spiel verloren.«** Und eine anonyme Schalker Stimme: **»Der beste Koch hat mal einen schlechten Tag, aber der Nigbur hat uns in den ersten Saisonmonaten zu oft die Suppe versalzen. Er hat manchmal die Hundertstelsekunden in der Hand – und lässt sie einzeln fallen. Das kostet uns Punkte.«**

»Offenbach hätte 3:0 gewonnen, wenn ich nicht ein Papstbild in der Tasche gehabt hätte.«

»Wenn ich zwischen Maier und Nigbur zu wählen hätte, würde ich Maric nehmen.«

(Max Merkel über den Torwartkampf auf Schalke)

Starschnitt

Günter Siebert

»Erst hatten wir **James Bond**, jetzt kommt **Professor Brinkmann.**«
(Über den Präsidenten Günter Eichberg und seinen Vorgänger Michael Zylka)

»Wir brauchen auf Schalke nur einen Flutlichtmasten einzuweihen – schon kommen 3.000 Leute.«

»Zwei Piccolo, und ich rede jeden in Grund und Boden.«

Ein weißer BMW, der in Schalke viel Ärger ausgelöst hat

„Wenn's im Verein brennt, liegt Oskar in der Sonne"

Besonders herzlich wird das Jungtalent Rolf Rüssmann auf Schalke nicht empfangen. In seinem Vertrag stehen nicht die verabredeten zwei Jahre Laufzeit, sondern nur eins, und als er von den Königsblauen zu Hause abgeholt werden soll, wartet er vergeblich. Als ihn schließlich der Schalker Vereinswirt in sein Auto einlädt und zur Glückauf-Kampfbahn bringt, lässt man ihn dort weitere Stunden alleine in einem Zimmer warten. Rüssmann: **»Gegen Abend kam Günter Siebert und meinte: ›Ach ja, du bist auch da.‹ Ich sprach ihn dann sofort auf den Passus im Vertrag an und meinte, die Sache mit dem einen Jahr müsse doch ein Irrtum sein. Ich erhielt zur Antwort: ›Das hat schon seine Richtigkeit. Dir trauen wir nicht so viel zu, deshalb läuft der Vertrag nur über ein Jahr.‹«**

»Die Leute sagen: Wenn ich ins Gefängnis muss, ist der Gefängnisdirektor noch am gleichen Tag Schalke-Mitglied.«

»Was willst du von denen denn noch verlangen? Mit dem Kettchen am Hals und dem Clip am Ohr kommen die nicht mal mehr zum Kopfball hoch.«

»Wenn früher zu einem Spiel das Fernsehen kam, sind wir alle zum Friseur gegangen.«

»Da sieht man einmal, wie jung unsere Mannschaft ist. Wir haben noch Spieler, die kriegen Krankheiten, die normalerweise nur kleine Kinder bekommen.«

(Als sich Verteidiger Hartmut Huhse Windpocken eingefangen hat)

Präsident Günter Siebert vor der Spielzeit 1968/69: **»Wir zittern auch in diesem Jahr wieder. Aber diesmal nicht unten, sondern oben!«**
Auch als ihn der letzte Einäugige unter lauter Blinden als **»Zirkusdirektor«** beschimpft, lächelt Siebert nur erhaben in die Kameras: **»Zirkusdirektor? Ja, da bin ich stolz drauf, weil mein Zirkus immer ausverkauft ist …«**

»Wenn ich wüsste, welches System wir spielen, würden wir vielleicht sogar gewinnen.«

(Thorsten Legat)

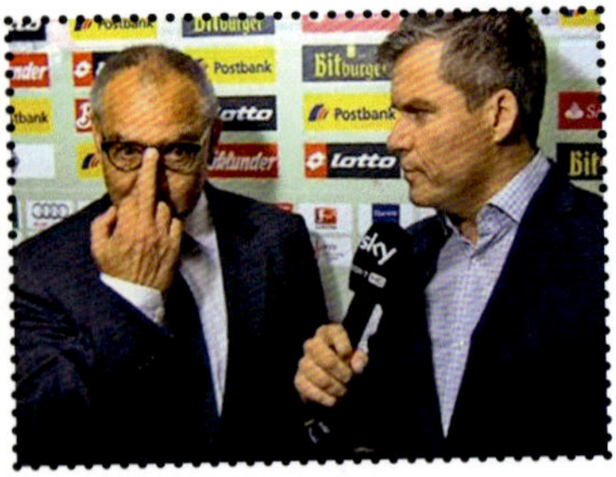

»Die Tabelle, die ja nie lügt, täuscht ja oft.«

(Felix Magath)

»Ehe ich von Schalke weggehe, lasse ich mir beide Beine abhacken.«

(Willi Schulz, der schließlich doch wechselte – zum HSV)

»Im Ruhrgebiet ist der **Ball rund** und die **Kohle schwarz**.«

(Ernst Kuzorra)

»Als Trainer musst du eine Sau sein. Wenn du keine mehr bist, dann bist du tot.«

(Udo Lattek)

»Glaubt nicht an Spuk und böse Geister – Schalke wird Deutscher Fußballmeister.«

(1934 in Berlin gegen Nürnberg)

1954 beim Vorrundenspiel im Berner Wankdorfstadion gegen die Türkei macht sich ein Mann unsterblich: Berni Klodt. Der gebürtige Gelsenkirchener wirbelt beim 4:1-Sieg die anatolischen Freunde ordentlich durcheinander und schießt das wichtige zweite Tor für die deutsche Elf. Ein Zeitzeuge erinnert sich noch heute voller Begeisterung an diesen 17. Juni 1954: **»Da hat ein Türke mit Zigaretten nur so um sich geworfen, als die nach drei Minuten in Führung gingen. Aber dann kam ja unser Berni Klodt! Der hat dat Ding gewendet. Den Jungen haben sie danach nur noch den ›Türkentöter vom Schalker Markt‹** genannt!«

Rudi Assauer über seinen jungen Nachwuchsmanager Andreas Müller: **»Den Gesellenbrief hat er jetzt schon. Den Meisterbrief noch nicht ganz. Aber es reicht, um du zu mir zu sagen. Den Andi und mich kann kein Mensch der Welt auseinanderdividieren.«**

»In Kaiserslautern hab' ich gedacht, es wird ein Roter Teufel, jetzt bin ich froh, dass es kein Frankfurter Würstchen wird.«

(Schalkes Marco van Hoogdalem in Erwartung der Entbindung seines Kindes)

Starschnitt
Fritz Szepan

Über 1.500 Menschen ziehen im Dezember 1974 in einem langen Trauerzug zum Friedhof. Fritz Szepan soll beerdigt werden. Gerade als die königsblaue Fangemeinde an der Leichenhalle eintrifft, wird der Sarg hinausgetragen. Weinend setzt man sich in Bewegung und ganz Schalke hinterher. Mit großer Vereinsfahne und einer Bergmanns-Kapelle folgen alle schweigend dem Sarg. Nach einer Weile schaut Präsident Siebert zu seinem Vize Heinrich Orzewalla auf und sagt sichtlich irritiert: **»Du, Onkel Heini, ich glaube, das da vorne ist gar nicht die Witwe vom Fritz.«** Orzewalla nimmt seinen Kopf nach oben und guckt angestrengt. **»Mensch, Oskar, du hast recht. Wir sind auf der falschen Beerdigung.«** Der Zug wird gestoppt, einmal im Kreis gedreht, bis man wieder an der Leichenhalle ankommt. Genau zum richtigen Zeitpunkt. Der Sarg mit dem unvergesslichen Fritz Szepan wird in diesem Moment hinausgetragen. Und wieder läuft ganz Schalke hinterher.

»Seit meiner frühesten Jugend war ich Fan von Schalke 04. Um Szepan und Kuzorra spielen zu sehen, bin ich sogar auf Bäume geklettert.«

(Fritz Walter)

Starschnitt
Ernst Kuzorra

»Auf die Kohle, die der Ernst Kuzorra hochgeholt hat, konnste kein Pfund Ärbsen heiß kriegen.«

(Schalke-Fan)

»Dat die auch noch dafür kriegen, wenn se für Schalke kloppen dürfen.«

(Ernst Kuzorra)

»Weil wir so lange Dödel hatten.«

(Auf die Frage, warum Fußballer früher so lange Sporthosen trugen)

»Bei Schalke.«

Erklärt dem schwedischen König, wo Gelsenkirchen liegt.)

»Keiner war frei, da hab' ich die Pille einfach reingewixt.«

(Erklärt, wie er im Finale um die Deutsche Meisterschaft 1934 das entscheidende Tor in der letzten Minute erzielte.)

»Ailton ist die deutsche Sprache nicht viel geläufiger als dem Pinguin das Fliegen.«

(Christoph Biermann für die »Süddeutsche Zeitung«)

»Er läuft, arbeitet und rackert, auch wenn es staksig aussieht. Ich kann ihn doch nicht kleiner machen und die Beine absägen.«

(Rudi Assauer über Victor Agali)

»Zwischen den Ohren muss es stimmen.«

(Huub Stevens)

»0:3 hinten liegen geht ja gar nicht mehr schlimmer. Außer 0:4 oder 0:5.«

(Frank Rost)

Charly Neumann bespricht die Werbekassette **»Auf Schalke spielt die Musik. Hits für Aufsteiger«:** »Meine lieben Schalker Freunde, ich kann euch nur eins sagen: Charlys Stimme war nur möglich, dieses zu hören, weil uns die Firma Anitech ein Sonderangebot für alle Schalker Fans gemacht hat. Ihr wisst, für nur 20 Mark haben wir diesen wunderschönen Kopfhörer von der Firma Anitech, ein Schalke-Poster und einen Schalke-Aufkleber fürs Auto. Freunde, das Poster kommt übers Bett, hör mal, von der Firma Anitech wird dieses wunderschöne Gerät ans Öhrchen gepackt, damit der Nachbar nicht wach wird, hör mal, die Freunde hören es nicht, wenn Charly zu euch spricht. Ich sage euch, bei uns ist wieder alles rundherum in Ordnung, in Schalke brennt der Baum!«

»Jetzt brauch ich erst mal ein Zigarettchen, um das zu verstehen!«

(Fritz von Thurn und Taxis nach einem 5:2-Sieg des FC Schalke 04 bei Inter Mailand)

»Ich werde bei den Trainingsspielen nicht selber mitmachen. Schließlich will ich nicht noch mehr Verletzte haben.«

(Huub Stevens)

Starschnitt

Olaf Thon

»Wir spielen hinten Mann gegen Mann, und ich spiel gegen den Mann.«

»Um den UEFA-Cup 1997 zu erringen, sind fünf Spieler von uns Sportinvaliden geworden. Alle haben damals **bis zum letzten Knorpel** gekämpft.«

»Als Libero kann man meckern, ruhig sein und dirigieren. Ich bin also so eine Art Karajan.«

»Wir haben unheimlich viel Tempo gespielt. Ich glaube, sogar der Schiedsrichter hat sich eine Zerrung geholt.«

»In erster Linie stehe ich voll hinter dem Trainer, **in zweiter Linie** hat er recht.«

Man nennt ihn nicht umsonst »Professor«. Am 13. Spieltag führt der FC Schalke 04 kurz vor Schluss gegen einen drängenden FC St. Pauli mit 2:0, als Olaf Thon zur verbalen Höchstform aufläuft. Am Seitenrand schreit sein Trainer Jörg Berger permanent irgendwelche Dinge aufs Spielfeld, was Schiedsrichter Winfried Buchhart überhaupt nicht passt. Um den Coach zur Räson zu rufen, bittet er den königsblauen Kapitän zu sich. Eine Aufgabe, der Thon gerne nachkommt, denn so weiß er endlich, wofür »diese Binde überhaupt gut ist«. Zwei Minuten unterhält er sich angeregt mit dem Schiedsrichter, bis er schließlich langsam zu seinem Trainer trabt und diesen freundlich bittet, etwas ruhiger zu agieren. Als Thon hinterher gefragt wird, was er denn die ganze Zeit mit Schiri Buchhart besprochen habe, erzählt der Mannschaftsführer des S04, dass er dem Schiedsrichter nur gesagt habe, er solle den Trainer ruhig auf die Tribüne schicken, denn dann müsse er eine Strafe in die Teamkasse zahlen. Das habe Buchhart zwar gefallen, doch habe er der Bitte leider nicht nachkommen können. Als Thon bemerkt, dass seine Dönekes vom Spielfeld den Journalisten gut gefallen, lächelt er und sagt:

»Na ja, eigentlich habe ich nur gedacht, dass ein netter Plausch eine gute Gelegenheit wäre, mal tüchtig durchzuschnaufen. Wir waren nämlich schon ziemlich platt!«

»Einmal haben wir auf einem Nebenplatz, auf Asche, trainiert. Da meinte der Stan, ich hätte ihn gefoult. Da lag er dann da, wimmerte und sprang plötzlich auf. **Er jagte mich quer über den Platz.** Ich bin dann in die Kabine geflohen. Klinke hoch gehalten. Da hat er vor der Tür getobt. Mein lieber Mann!«

(Friedel Rausch)

»Eine richtig schlaue Analyse fällt mir schwer. Ich bräuchte eine Stunde, um auf den Punkt zu kommen, aber mein Abendessen steht um acht auf dem Tisch.«

(Peter Neururer)

Als Erfinder des Straftatbestands »Vortäuschen eines Fouls durch den Gegner« wird der Schalker Meisterspieler von 1958, Willi Koslowski, gefeiert. Wenn dieser nach einer Flugeinlage mal wieder regungslos im Strafraum liegt, versammeln sich Mitspieler, Gegner und der Schiedsrichter so lange mitleidig guckend um den Königsblauen, bis schließlich einer die Versammlung mit dem schönen Satz auflöst: **»Tu noch 'ne Schippe Erde drauf!«**

Willi Koslowski (r.) 1963 an seinem Arbeitsplatz

»Wenn Sie zu Hause einen Nagel in die Wand schlagen, voller Überzeugung, und stellen dann fest, das Bild passt nicht. **Dann können Sie den Nagel rausziehen, aber das Loch bleibt.**«

(Mirko Slomka)

Starschnitt
Marc Wilmots

»Ich freue mich, dass ich nach 33 Jahren und elf Operationen noch so ein Tempo spiele.«

»Der Unterschied zwischen Deutschland und Belgien? In Deutschland laufen die Spieler wie Bekloppte durch die Gegend, auch wenn kein Trainer da ist.«

»Marc Wilmots, der Held vom Borsigplatz.«
(Jörg Wontorra mit überragenden vereinsbezogenen Geografiekenntnissen)

»Marc handelt immer nach dem Motto: heute operiert, morgen spielen. Am liebsten würde er noch mit einem offenen Wadenbeinbruch auf den Platz rennen.«
(Rudi Assauer zu den Stammplatz-Forderungen des lange verletzten Belgiers)

Als Schiri Aust dem jubelnden Belgier Marc Wilmots nach seinem entscheidenden Tor gegen Borussia Mönchengladbach (1:0) gerade die Gelbe Karte zeigen will, eilt Schalkes Kapitän Andreas Müller zum Schiedsrichter und ruft ihm zu: **»Mensch, Schiri, lass doch stecken. Ist sein erstes Spiel. Muss nicht sein, oder?«** Aust nestelt weiter an seiner Brusttasche, guckt Müller nachdenklich an und lässt Wilmots dann tatsächlich ungeschoren davonkommen. Was der nette Schiedsrichter allerdings nicht weiß: Es ist bereits die fünfte Partie des Belgiers im Trikot des FC Schalke 04!

Starschnitt Huub Stevens

»Die Mannschaft ist ein großes Rad, das muss drehen.«

Charly Neumann (li.) und Trainer Huub Stevens nach dem UEFA-Cup-Sieg mit dem Pokal im Flugzeug

»Ich habe gehört, der Trainer hat schon angerufen und gratuliert. Er ist stolz auf uns und hat uns einige Tage frei gegeben. Wir treffen uns erst am Samstag in Cottbus wieder.«

(Ebbe Sand zur vermeintlichen Reaktion von Trainer Huub Stevens, der aus privaten Gründen nicht beim Spiel war)

»Dann müssen wir in der nächsten Woche eben **mit Assauer und Stevens in der Innenverteidigung spielen.**«

(Assauer angesichts der vielen verletzten und gesperrten Defensivspieler)

»Dass Ihre Wunschspieler nicht spielen, dafür entschuldige ich mich.«

(Zu einem Journalisten)

»Die Fans können ja nicht jeden Spieler beim Namen nennen, das sind zu viele.«

(Zu den Fan-Rufen »Stevens raus«)

»Weil sie so toll gespielt haben.«

(Über die Gründe seiner Auswechslungen)

»Wenn ein Schiedsrichter vor dem Spiel in die Kabine kommt und fragt, ob wir in Gelb spielen, dann frage ich mich, wo er hingegangen ist, welches Spiel er pfeifen wollte.«

»Es sind Worte gefallen. Jetzt werden Taten fallen.«

»Wer nicht reich ist, muss schlau sein.«

»Ich lag mal im Krankenhaus, war gerade operiert worden. Er hat kurz gefragt, wie es mir geht – und dann hat er mir sämtliche Fehler der Hinrunde aufgezählt. Aber ich habe geweint, als er gegangen ist, denn ich habe gemerkt:

Der meint es gut mit dir.«

(Gerald Asamoah vor seinem Abschiedsspiel über Huub Stevens, seinen ehemaligen Trainer auf Schalke)

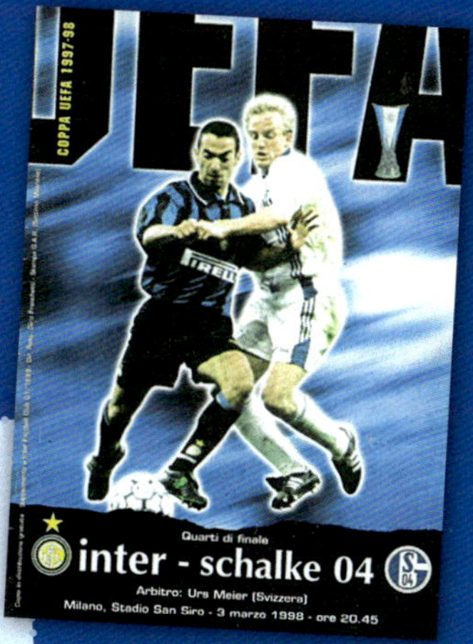

»Er hat jaAlternativen – er kann aufhören!«

(Hans Meyer über die Lage des Trainers)

»Was willst du jetzt machen, Huub? Wenn du weiter so gut arbeitest, steigen wir nächstes Jahr ab.«

(Ein Fan zu Trainer Huub Stevens, dem vom Vorstand sehr gute Arbeit bescheinigt wurde)

»Beim Trainerkarussell kommt mir immer die alte Graf-Bobby-Witz-Manier in den Sinn: Graf Bobby und der Poldi fahren Eisenbahn. Bobby sitzt in Fahrtrichtung, Poldi ihm gegenüber. Nach der Hälfte der Strecke sagt Bobby: **›Poldi, lass uns die Plätze wechseln, ich kann dein Gesicht nicht mehr sehen.‹«**

(Jupp Heynckes drei Tage vor seiner Entlassung)

»Dass wir heute verloren haben, ärgert mich noch viel mehr, als dass ich morgen Geburtstag habe!«

(Jörg Berger)

Der Meister in der Klemme
Buchwald & Daum: Weg von Stuttgart
DIE NR. 1 IM SPORT
Sport Bild
1,50
MIT TV Sport
MATTHÄUS
Streit vor dem Traum-Tor
VOGTS
Neuer Mann für Reuter
Bundesliga-Schulden: 91,7 Millionen
EISHOCKEY
Berlin: Jagd auf 7 Nationalspieler
Kumpel Udo: Meine Wahrheit über Schalke
WELTMEISTER BORIS BECKER
Schläge, die kein anderer kann

»Die Deckung hat Angst vor ihrem schwachen Torwart. Deshalb spielt sie so gut.«

(Udo Lattek)

»Stellt euch vor, die wollten mir einfach ein Bein adoptieren.«

(Fritz Langner)

1969: Trainer Rudi Gutendorf mit Libuda, Nigbur, Galbierz, Wittkamp und Rausch (v.l.n.r.) beim Englischunterricht

»Ich möchte nicht sagen, dass es noch nie so einfach war, Meister zu werden. Aber es war dieses Jahr schon verdammt einfach, Meister zu werden.«

(Fabian Ernst)

»Jeder fünfte im Stadion ist arbeitslos. Und wie oft haben wir sie unzufrieden und ohne Hoffnung nach Hause gehen lassen.«

(Dieter Eckstein während seiner Zeit auf Schalke)

»Jeder sieht, dass der über seine eigenen Beine fällt, aber da stehen drei Pappnasen draußen. Dazu gibt es noch einen Torrichter – ich weiß gar nicht, was der macht. Das ist wohl Beschäftigungstherapie.«

(Horst Heldt nach einer Europa-League-Partie)

»Gott ist auch an den unwürdigsten Orten zu Hause.«

(Pastorin Cordula in »Das Wort zum Sonntag«, live aus der Kapelle in der Arena AufSchalke)

»Dortmund – das ginge zum jetzigen Zeitpunkt emotional nicht. Mit meinem dreijährigen Sohn Luk muss ich immer noch fast jeden Tag **›Blau und Weiß, wie lieb ich dich‹** singen. Was soll ich dem denn sagen: Gelb und Schwarz, wie lieb ich dich?«

(Mirko Slomka)

Starschnitt Rudi Assauer

»Entweder ich schaffe Schalke oder Schalke schafft mich.«

»Das hat alles mit der Atmosphäre in der Arena zu tun. Wir müssen sie abreißen und wieder im Parkstadion spielen.«

(Zur Hektik im Derby)

»Bis DFB und DFL etwas umsetzen, ist es Weihnachten nächstes Jahr.«

(Zum schleppenden Kartenvorverkauf vor dem Benefizspiel der deutschen Nationalelf gegen eine internationale Bundesliga-Auswahl)

»Sie hat zehn Jahre Arbeit von mir kaputtgemacht.«

(Über die Mannschaft von Schalke 04)

»Die einvernehmliche Trennung ist erfolgt, nachdem ich gesagt habe, wir machen nicht weiter.«

(Zur Entlassung von Frank Neubarth)

»Nachdem ich dieses Spiel gesehen habe, bin ich stolz, dass keine Schalker dabei waren.«

(Nach einem Länderspiel gegen die Niederlande)

»Ich dachte schon, Fußballer seien ein besonderes Völkchen. Aber gegen die Künstler ist das ja nur Pipifax. Dem einen ist das Klopapier zu hart, dem anderen die Schuhbox zu klein.«

(Über neue Erfahrungen bei der Termingestaltung für die neue Arena)

»Wir gewinnen am Samstag den Pokal und dann feiern wir gemeinsam mit Dortmund in Castrop-Rauxel.«

(Zur Meisterschaft vom Lokalrivalen Borussia Dortmund)

»In der Nacht von Samstag auf Montag.«

(Auf die Frage, wann die Entscheidung gefallen sei, Frank Neubarth zu entlassen)

»Falls es so kommt, schlafen wir zur Not auch in Zelten.«

(Zur Frage, ob fürs DFB-Pokalfinale in Berlin schon jetzt dasselbe Hotel gebucht worden sei, in dem die Mannschaft beim Endspiel 2001 gewohnt hatte)

Starschnitt
Rudi Assauer

»Dann hätte Schalke die Lizenzspielermannschaft aus der Bundesliga abgezogen und in Holland angemeldet.«

(Auf die Frage, was passiert wäre, wenn Lothar Matthäus die Nationalmannschaft übernommen hätte)

»Wir sollten einen Professor holen. Oder einen vom Sozialamt. Und wenn es ein Balletttänzer ist, der uns nach vorne bringt, **dann holen wir einen Balletttänzer.«**

(Über die Anforderungen an den neuen Trainer von Schalke 04)

»Wenn wir die Schale haben, haue ich die so was von kaputt.«

(Nicht ganz ernst gemeinte »Drohung« des Schalke-Managers, der bei den Feierlichkeiten nach dem DFB-Pokal-Triumph den »Pott« fallen gelassen und demoliert hatte)

»Einmal in der Woche 90 Minuten konzentriert – das kann ich ja wohl erwarten.«

(Zur Einstellung seiner Spieler)

»Das Arbeitsgericht auf Schalke bin ich.«

(Nach der kurzfristigen Suspendierung und »Begnadigung« von Nationalspieler Jörg Böhme)

»Sollen sie doch ein Bayern-Studio aufmachen und fetten Gänsen den Arsch schmieren.«

(Über eine ARD-Entscheidung, Bayern statt Schalke zu zeigen)

»Wenn wir den Rasen einmal rein- und wieder rausschieben, ist das Geld schon weg.«

(Über die UI-Cup-Einnahmen)

»In der ersten Halbzeit hatten sie die Schlafpille. Dann gab es die Bullenspritze.«

(Nach einem Sieg)

»Wenn du die Treppe runtergehst, musst du immer nach unten schauen, sonst fällst du runter!«

(Nach einem 0:1 zu Hause gegen Hansa Rostock)

»Auch wenn es unter den Schnee geschissen wird – bei Tauwetter kommt alles wieder zum Vorschein.«

(Zur »Aufdeckung« des Geheimvertrages zwischen Bayern München und der Gruppe Kirch-Media)

»Bochum spielt nächstes Jahr in der Champions League und wir im Döner-Cup. Wenn wir Glück haben, können wir wieder den gesamten Nahen Osten bereisen.«

(Befürchtet, dass für Schalke im Rennen um die UEFA-Cup-Teilnahme nur ein UI-Cup-Platz bleibt.)

»Erst wenn wir Meister geworden sind, nehmen wir das Wort in den Mund.«

»Ich habe erfahren, es wurden mehr Blautannen als sonst vor Weihnachten verkauft.«

(Zur Euphorie um den Bundesliga-Wintermeister)

Sepp Maier erzählt einen Schwank aus seiner Karriere, Thema Balljungen: »Am schlimmsten war es immer in Schalke. Wenn wir in Gelsenkirchen hinten lagen, haben die immer so furchtbar rumgetrödelt, dass ich immer geschrien habe: ›Jetzt hole ich mir den Ball selbst.‹ Aber da sind die dann auch immer mitgesaust, um vor mir den Ball zu erwischen. Und wenn sie ihn hatten, haben sie sich das Leder gegenseitig zugeworfen und recht frech gelacht. Balljungen haben es halt schön, weil sie vom Schiedsrichter nicht verwarnt werden können.«

»Ich **seziere** Dr. Fenne.«

(Otto Schweisfurth meinte auf einer JHV von Schalke wohl eher »zitiere«.)

Schalke-Fans aus Wadersloh auf einem selbstkonstruiertem Gefährt 1977

»Schiris?
Da denke ich nur noch an Friedhof.«

(Udo Lattek 1992 bei seinem Kurztrip auf Schalke)

»Danach bin ich nass geschwitzt und möchte am liebsten gleich mitspielen, so intensiv redet er auf die Spieler ein.«

(Rolf Rüssmann über Friedel Rauschs Kabinenansprachen)

Friedel Rausch bei seiner Hochzeit mit Marlies

»Sein Tor war der Dosenöffner dieses Spiels.«

(Ralf Rangnick über einen wichtigen Treffer von Eichner)

»Ich bin eine Kanone.«

(Fritz Langner)

Schalker Training im Juli 1964 unter der Leitung von Fritz Langner…

Starschnitt
Günter Eichberg

Jahreshauptversammlung 1989: Günter Eichberg, Peter Neururer und Charly Neumann

»Ehe ich überhaupt eine Summe sagen konnte, hatte Eichberg schon das Doppelte geboten.«

(Peter Neururer über die »Gehaltsverhandlungen« mit seinem Präsidenten auf Schalke)

»Herr Eichberg hatte Vorstellungen vom Reichsein, wie man sie aus schlechten Filmen kennt.«

(Bernd Tönnies, sein Nachfolger als Präsident auf Schalke)

Mitte 1990 kursiert auf Schalke unter den Spielern folgender Witz über den »Sonnenkönig« Günter Eichberg: **Nachts in der Sahara. Ein Mann zündet sich eine Zigarette an. Drei Kilometer weiter entfernt steht Günter Eichberg und lächelt sofort. Er dachte, es sei ein Fotograf mit Blitzlicht!**

Geldsorgen!
Stuttgart muß Sammer verkaufen
Die Nr. 1 im Sport
Deutschlands größte Sport-Zeitschrift
Sport Bild
1,20
Bundesliga-Rückrunde
86 Nachrichten zum Start
Glückwunsch!
100 Jahre Elfmeter
Was machen Sie mit Köln, Herr Lattek?
Gerd Müller
Warum ich nachts nicht schlafen kann
Chris Evert
Was ich Steffi jetzt wünsche
Eishockey-Play-off
Der Dreikampf
Machtmensch Eichberg
Millionen-Poker für Schalke

»Er kann nicht nein sagen. Wenn er eine Frau wäre, **hätte er bestimmt schon 20 Kinder.«**

(Charly Neumann über seinen Freund Günter Eichberg)

Schalkes Präsident Günter Eichberg kommt Anfang November nach einer 14-tägigen Geschäftsreise aus den USA zurück und zeigt sich nach dem ersten Blick auf den neusten Schuldenstand des S04 etwas erstaunt:

»Ich dachte zuerst, unser Schatzmeister hätte jeden Tag eine Million durchgebracht!«

Charly Neumann erzählt einmal auf einer legendären Schalke-Kassette aus dem Jahre 1991: **»Als der Präsident Günter Eichberg zu uns kam, war Schalke mausetot. Der Verein hatte kein Geld mehr für Waschpulver. Und dann plötzlich kam der große Guru aus Düsseldorf, wo wir dachten: Meine Güte, was ist das für einer? Mit 'nem Fahrer lässt er sich vorfahren. Von der ›High so sight‹ aus Düsseldorf, das wird nie ein Schalker. Ich selbst kann euch eins sagen: Ich hatte die größten Bedenken, Freunde. Heute, nachdem er zwei Jahre bei uns ist, muss ich sagen: Er war ein Geschenk des Himmels!«**

»Eine tote Maus wird nicht mehr gebraucht.«

(Günter Eichberg über das Thema Trainerwechsel)

»Eine Schachtel weniger in der Woche paffen, für Schalke«, bittet Präsident Eichberg die Fans, als man die Mitgliedsbeiträge mal wieder erhöht.

Schiedsrichter

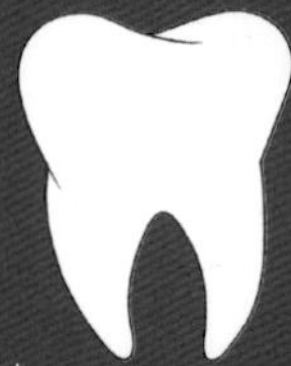

»Ich hätte meinen Weisheitszahn und meine Schwiegermutter verwettet, dass der Schalker Kurz das Handspiel begangen hat.«

(Dr. Franz-Xaver Wack)

»Ich hasse Schiedsrichter, ich könnte sie manchmal sogar umbringen.«

(Udo Lattek)

»Wir sind in der Arena der Buhmann der Nation. Es geht um Millionen, und die Fehlentscheidungen häufen sich. Sobald es strittig wird, wird gegen uns gepfiffen. Da müssen wir das Ding eben wieder abreißen.«

(Rudi Assauer)

»Haben Sie mit einem Prozess noch nicht genug?«

(Frage von Schiedsrichter Dreher an Klaus Fischer beim Spiel in Bremen, als der Schalke-Stürmer den Werder-Keeper etwas härter anging)

Am 34. Spieltag

muss Erwin Kremers nach einer ziemlich ruppig geführten Partie auf dem Kaiserslauterer Betzenberg nur noch die allerletzten Sekunden überstehen, dann ist die Saison 1973/74 endgültig zu Ende und der Europameister von 1972 würde mit der deutschen Nationalmannschaft die Vorbereitung auf die Weltmeisterschaft im eigenen Land beginnen. Doch beim aussichtslosen Stand von 4:0 für die Lauterer kann sich Kremers in der 90. Minute nicht mehr beherrschen. Mit hochrotem Kopf brüllt er den Schiedsrichter Max Klauser an: **»Halt das Maul, du blöde Sau!«** Dieser dreht ein wenig an einem imaginären Hörgerät, klopft sich auf die Ohren und fragt anschließend in aller Ruhe bei dem immer noch fuchsteufelswilden Schalker nach, ob er denn da gerade richtig gehört habe. Die goldene Brücke ist ausgelegt. Doch anstatt langsam wieder runterzukommen und einmal kräftig durchzuatmen, setzt Kremers noch einen oben drauf: **»Und jetzt noch einmal für Doofe, du blöde Sau!« Der Schalker wird daraufhin aus dem Nationalmannschaftskader für die WM 1974 geworfen und bestreitet in der Folge nie wieder ein Länderspiel für Deutschland.**

Starschnitt
Friedel Rausch

Über den zweifachen Biss des braven Schäferhundes Rex in den Allerwertesten von Friedel Rausch braucht man nicht mehr viele Worte zu verlieren. Die schmerzhaften Minuten des **6. September 1969**, als im Stadion »Rote Erde« beim Revierderby Borussia Dortmund gegen den FC Schalke 04 Hunderte von Zuschauern den Platz stürmten und von maulkorbbefreiten Hunden zurückgedrängt werden sollten, sind in das kollektive Gedächtnis der Bundesliga eingegangen. Auch die herrlich-spektakuläre Idee des Schalke-Präsidenten Oskar Siebert, beim Rückspiel vier echte Raubkatzen aus dem Löwenpark Westerholt zu holen und diese auf Höhe der Mittellinie an der Leine von vier Ordnern patrouillieren zu lassen, ist legendär und weithin bekannt.

Doch dass Friedel Rausch noch Wochen nach dem Abklingen der Wundschmerzen weitaus größere Probleme mit sich herumtrug, behielt er lange Zeit lieber für sich. Denn die Neckereien der Gegenspieler nervten ihn in den folgenden Monaten nicht nur, nein, sie waren dem eitlen Sonnyboy auch ein wenig peinlich. Der smarte Friedel Rausch war auf dem Fußballplatz urplötzlich zum Gespött der Leute geworden: **»Es war die Hölle. Fast in jedem Spiel kam mein Gegenspieler an und machte ›wuff-wuff‹. Ich war fortan die Lachnummer der Liga.«**

Auch seine Schalker Mannschaftskollegen trieben mit Rausch ihren Schabernack. So fragten sie in den Tagen nach dem Vorfall den armen Kumpel scheinheilig: **»Friedel, überleg doch mal, der Hund hätte dich vorne rum gebissen …?«** Ganz der alte Macho antwortete Rausch, geistig bereits wieder voll auf der Höhe, cool und gelassen: **»Dann hätte der Köter seine Zähne verloren …«**

Friedel Rausch mit Frau Marlies und ihren zwei Söhnen

»Melken Sie doch mal 'ne Kuh, die keinen Euter hat.«

(Über seine Mannschaft)

»Gut, dass ich nicht so pessimistisch bin, sonst hätte ich mir schon das Leben genommen.«

(Nach einem schlechten Saisonstart)

»Ich sehe Licht am Himmel.«

»Zu meiner Spielerzeit hätte ich dann einen ganzen Schrank voll Karten gehabt.«

(Nach einem Platzverweis für einen seiner Spieler)

»Ich bin doch kein Bewährungshelfer.«

(Trainer Peter Neururer, als er hört, dass Charly Neumann gerne Wolfram Wuttke verpflichten wolle)

Charly mag den neuen Trainer Fahrudin Jusufi:

»Der Fari bringt Ackergäule zum Laufen!«

Kurt Jara eher nicht:

»Assauer hat sich eine Stunde mit ihm unterhalten, und dann wusste er, dass Jusufi vom Bundesligafußball nichts, aber auch gar nichts versteht.«

Als Schalke absteigt, wittert Charly Neumann seinen großen Auftritt. Lauterns Hannes Bongartz streichelt Charly durchs Haar, wischt ihm die Tränen aus dem Gesicht und knuddelt den großen, weichen Mann. Charly stammelt: **»Ich hätte das nie geglaubt!«** Dann springt er auf, rennt zu einem Vertreter der »Bild«-Zeitung und ruft: **»Du bist doch ein guter Journalist. Hast uns den Abstieg schon letztes Jahr vorausgesagt!«** Zum Abschluss fleht Charly den Himmel an, nimmt einen jungen Schalker in den Arm, der hemmungslos alles Elend der Welt aus seinen Augen presst, und ruft: **»Wir steigen wieder auf, wir gehen nicht unter!«**

»Wo ich Schalke sehe? **Im Moment in Gelsenkirchen und am Mittwoch in Darmstadt.«**

(Kevin-Prince Boateng auf die Frage nach dem derzeitigen Leistungs- und Tabellenstand seines Teams)

»Wir haben individuell wahnsinnige Fehler gemacht, das hat aber nichts mit der Mentalität zu tun. Das hat bei dem ein oder anderen mit der Birne zu tun.«

(Jens Keller)

»Außer Bruce Lee fürchte ich niemanden.«

(Kyriakos Papadopoulos)

»Heute hätten wir keinen Hering vom Teller gezogen.«

(Frank Rost)

»Er kann nach Mainz gehen, vielleicht wird er da noch Karnevalsprinz.«

(Schalke-Manager Rudi Assauer über Michael Delura, der nach Mainz wechseln möchte)

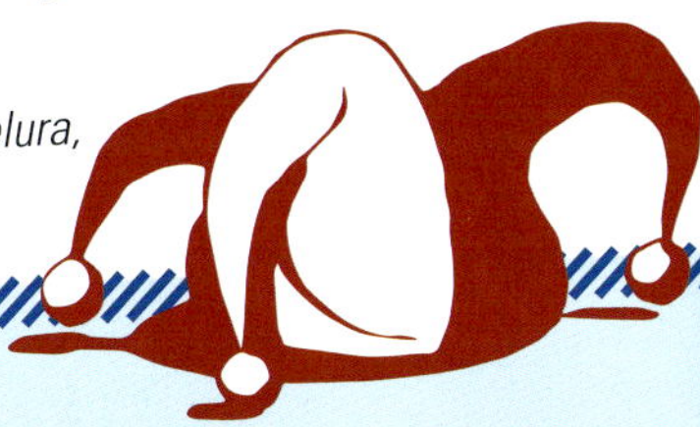

Starschnitt
Peter Neururer

»Die Anatomie hat dem Menschen Hände gegeben.«

(Zu einem Handelfmeter)

»Ich kann meiner Mannschaft keinen Vorwurf machen. **Höchstens dem Platzwart. Der soll beim nächsten Mal die Torpfosten versetzen.«**

(Nachdem sein Team dreimal den Pfosten getroffen hatte)

»Wenn ich auf dem Platz stehe, könnte mich sogar meine Frau verlassen.«

»Wenn das Telefon klingelte, hechtete ich zum Hörer wie Toni Schumacher, nur ohne Torwarthandschuhe. Meistens waren aber nur Bekannte dran.«

(Zu seiner Verfassung, als er bei Schalke gefeuert wurde)

»Und wenn sie mich mit Kohle zuschütten:
Man kann mich bezahlen, aber man kann mich nicht kaufen.**«**

»Die Droge Bundesliga fasziniert mich – und sie finanziert mich.«

»Wenn **zwei** über Fußball reden, kommen **drei** Meinungen heraus.«

»Ich wollte eigentlich einen Eilantrag beim DFB einreichen, so dass ich in der Pause acht Spieler auswechseln kann.«

(Nach einem schlechten Spiel)

»Es gibt halt diese Seuchentage, an denen man lieber im Bett bleiben sollte. Aber leider hatte der DFB ein Spiel angesetzt.«

»Den Pass hätte sogar ich mit einem Spurt von der Bank noch abfangen können.«

(Zur Lethargie seiner Abwehrspieler bei einem 40-Meter-Pass)

»Ich kriege keine Probleme mit den Spielern. **Ich bin ja selber ein Problemfall**.«

Trainingslager mit Diethelm Ferner

Coach Ferner setzt im Trainingslager drei knüppelharte Einheiten pro Tag an. Eine Maßnahme, die verständlicherweise bei den Kickern für enthusiastische Begeisterungsstürme sorgt. Vor allem der morgendliche Waldlauf um Punkt sieben kommt bei allen riesig an. Um Routine zu vermeiden, entschließt man sich, jeden Tag aufs Neue eine andere Route zu wählen. Und so trabt man gemächlich los, und trabt und trabt und trabt. Der eine etwas schneller, der andere etwas langsamer, und schon bald haben sich drei, vier Grüppchen gebildet, die sich langsam aus den Augen verlieren. Der etwas lauffaule Stürmer Klaus Täuber hält sich, um Kräfte zu sparen, an seinen in die Jahre gekommenen, ebenfalls nicht sonderlich fitten Trainer. Und so traben die beiden locker zu zweit einsam durch den Wald. Mittlerweile ist man schon über 50 Minuten unterwegs, hat manche Steigung und nicht wenige Weggabelungen passiert, als Didi Ferner regungslos ohne das kleinste Anzeichen von Ironie fragt: **»Klaus, du kennst doch den Weg, oder?!«** Hätte Täuber ein Gebiss in seinem Mund gehabt, es wäre ihm in diesem Moment ganz sicher herausgefallen. Völlig entsetzt blickt er seinem Trainer ins Gesicht und stammelt mit hochrotem Kopf nur ein einziges Wort: **»NEIN!«**

Ferner läuft weiter, als wäre nichts gewesen. Ein paar hundert Meter später stoppt er plötzlich, stemmt die Arme in die Hüften, schaut auf den Boden und sagt atemlos: **»Ich nämlich leider auch nicht, Klaus!«**

Als beide nach einer 30 Kilometer langen Schleife über die Landstraße 743 gegen 12:30 Uhr mit allerletzter Kraft am Hotel ankommen, werden sie von der übrigen Mannschaft bereits voller Sorge empfangen. Denn noch ist die Katze nicht im Sack. Eine dreiköpfige Ausreißergruppe um Volker Abramczik hat sich tief in den Wäldern des Sauerlandes verirrt. Erst die Aussendung des Mannschaftsbusses und einiger Privatfahrzeuge ermöglicht schließlich die glückliche Rettung der drei Kameraden. Völlig ausgepumpt und ausgedörrt hingen die blassen Schalker über einer Leitplanke.

Plakataktion gegen Gewalt: Täuber, Thon, Assauer und Junghans (v.l.)

Reporter

Patrick Wasserzieher:

»Schalke 07!«

(Bei seiner allerersten Reportage)

Werner Hansch im Gespräch mit Assauer

»Schalke 05.«

(Moderatorin Carmen Thomas im ZDF-Sportstudio)

»Das ist **Bunga-Bunga** in Schalkes Hintermannschaft.«

(Wolff-Christoph Fuss)

»FLÜSSIG läuft's bei Schalke nur neben dem Platz. Torwart Neuer fehlt wegen Magen-Darm-Problemen.«

(»Bild«-Zeitung)

»Wer soll Präsident in Schalke werden? David Copperfield! **Der hat Kohle und kann zaubern.**«

(Reinhold Beckmann)

Starschnitt Yves Eigenrauch

»Für sechs Mille hätte ich den Pass auch nicht gespielt.«

(Günter Schlipper zu seinem Mitspieler Yves Eigenrauch, der eigensinnig den Ball vertändelte, aber auch deutlich weniger Gehalt bekam als Schlipper)

»Es ist deswegen noch niemand auf dem Platz gestorben.«

(Nach einer miesen Leistung)

Yves Eigenrauch prägte mit seinem Auftreten das Bild des **»etwas anderen Fußballprofis«**. Auch deshalb widmet ihm im Jahr 2000 die Band »Tomte« die Ode **»Yves, wie hältst du das aus?«** mit den Zeilen: **»Das hier sind nur die Spuren einer Zeit, die 180 fährt. Wie mit Kicken, wenn man sich noch nicht mal warmlaufen darf. Yves, wie hältst du das aus?«**

»Fußball ist, wenn man in der Halbzeit für ein Würstchen in der Schlange stehen muss.«

Panini Premium Card aus der Saison 1995/96

»Der Eigenrauch kam am Montag zufällig vorbei, da haben wir für drei Jahre verlängert.« *(Rudi Aussauer)*

»Was werde ich schaffen? Jobbe ich in einer Kneipe, werde ich Kioskbesitzer oder gar Bildender Künstler? Journalist? Nichts werde ich nie mehr sein können. Im Zweifelsfall bin ich mein Leben lang derjenige, der mal in einem UEFA-Cup-Spiel für Schalke jenen glorreichen Ronaldo bespielt hat.«

(In Gedanken über das Leben nach der Karriere)

Arena

»Ich dachte, es sei ein American-Football-Stadion.«

(Lionel Richie nach seinem Auftritt dort)

»Sogar ich kann hier sitzen.«

(Reiner Calmund über die Sitze in der Arena)

»Dieses Stadion ist das Nonplusultra, dagegen ist das Maracanã in Rio ein Friedhof.«

(Reiner Calmund)

»Wir müssen wohl ein Jahr hier drinnen spielen, um uns dran zu gewöhnen.«

(Jörg Böhme)

»Unser neues Stadion wird kein Champagner-Tempel, sondern ein Bier- und Würstchen-Palast.«

(Huub Stevens über die neue Arena)

»Möglich, dass er einfach lieber in der Halle spielt. In einer Arena, in der das Dach auf- und zugeht.«

(Klaus Allofs zum Wechsel von Ailton zu Schalke 04)

»Wir haben so viele Konfessionen im Klub, wir bräuchten mehrere Kapellen.«

(Rudi Assauer über die Andacht in der Arena)

Manager Assauer präsentiert zusammen mit dem Aufsichtsratsvorsitzenden Jürgen W. Möllemann (l.), Präsident Gerd Rehberg (2.v.l.) und Vizepräsident Josef Schnusenberg das Stadionmodell der geplanten neuen Arena.

Starschnitt
Udo Lattek

Präsident Günter Eichberg: **»So etwas wie den Udo Lattek habe ich in diesem Fußballgeschäft noch nicht erlebt. Ein wirklich menschlich feiner Typ. Er arbeitet hier in Schalke quasi umsonst.«** Und quasi ist auch das entscheidende Stichwort. Denn Lattek bekommt tatsächlich nicht das sonst übliche Monatsgehalt, sondern verschiedene Zahlungen zu bestimmten Anlässen. Erst einmal **100.000 Mark Startgeld, dann 8.000 Mark pro Punkt und eine Mark für jede verkaufte Heimspielkarte. Zusätzlich eine Suite im Maritim-Hotel, freies Telefonieren und die Nutzungskosten für den eigenen Pkw inklusive. Die Prämie von 1.000.000 Mark für den UEFA-Cup-Platz und 1.500.000 Mark Erfolgshonorar für einen Platz vor Borussia Dortmund** am Ende der Saison kassiert Lattek allerdings wegen anhaltender Erfolglosigkeit nicht mehr.

»Zukunft, das ist die Zeit, in der du bereust, dass du das, was du heute tun kannst, nicht getan hast.«

»Wenn in einem Verein mal der Haussegen schief hängt, sollte ein Trainer nicht versuchen, bedingungslos die Wände danach auszurichten.«

»Ich habe alle gekriegt, die ich wollte. Nur bei meiner Frau: Da war ich es, der eingekauft wurde.«

»Ich bin an der Schwelle zum Lebensabend angelangt, und abends wird es bekanntlich dämmrig. Aber wenn im Stadion die Flutlichtanlage angeht, dann wird's wieder hell in meinem Leben – als käme da noch mal so was wie ein Morgen.«

»Sie können ruhig etwas lauter nicken!«

»Manchen Trainerkollegen kann ich nur sagen: **Hätten Sie was Gescheites gelernt, dann müssten Sie sich dem Stress nicht aussetzen.«**

»Die großen Trainer haben schließlich alle gesoffen: Weisweiler, Happel, Zebec. Und ich gehöre ja auch zu den GROSSEN.«

»Ich gehe in kein Casino, meine Spielhölle ist der Fußballplatz, da bin ich voll ausgelastet.«

»Es gibt Stunden, wo einem absolut nichts einfällt, aber es gibt Jahre, wo einem noch weit weniger einfällt.«

»Man muss den Fuß auf die Beine stellen.«

»Lattek ist eine Stimmungskanone. Durch die Bank mit Schwatzpulver geladen.«

(»Bild«)

»Ich habe festgestellt, dass ich ein Fachidiot bin. Ich habe Trainer gelernt, und ich kann auch nichts anderes.«

»Fußball ist eigentlich ganz einfach. Man muss nur seine Kollegen verstehen.«

(Victor Agali)

»Ich werde ein Buch schreiben. Ich weiß noch nicht, was drin steht, aber es **wird 19,90 Mark kosten**.«

(Jürgen Wegmann)

»Ich habe ihnen gesagt, dass sie heute nichts zu essen bekommen.«

(Huub Stevens nach einer Niederlage seiner Schalker im Revierderby)

»Wir waren VIER MINUTEN Meister. Das war so schön.«

(Ebbe Sand)

»Seid ihr **schlechte Mannschaft**, aber **habt Glück**: Habt ihr **jetzt guten Trainer**.«

(Aleksandar Ristic)

»Wie soll das denn dann heißen? **Ernst-Kuzorra-seine-Frau-ihr-Stadion?**«

(Johannes Rau über den Vorschlag, Stadien häufiger nach Frauen zu benennen)

Starschnitt
Hannes Bongartz

Schalkes **Hannes Bongartz** gibt ein Geheimnis preis. Eigentlich wäre beinahe gar kein Fußballprofi aus ihm geworden: **»Zusammen mit meinem Vetter Friedel war ich als Schüler deutscher Vizemeister im Kunstradfahren. Als mein Vetter aber nach einer Herzoperation Schluss machte, wollte ich auch nicht mehr. Mein Vater zögerte aber lange, ehe er endlich die Abmeldung bei den Radsportfreunden und die Anmeldung beim Fußballverein Preußen Duisdorf unterschrieb.«**

Die Stimmungslage am entscheidenden 34. Spieltag der Saison 1976/77 auf Schalker Seite beschreibt Hannes Bongartz so: »Vor dem Spiel hatten wir noch das Gefühl, an der Steckdose geschlafen zu haben. Wie der Abpfiff kam, hat man sich einfach nur umfallen lassen. Das war so, als wenn man erschossen würde!«

Der Mann, der Schalkes Spiel noch stärker in Szene setzen soll: Hans Bongartz kam vom Aufstiegsrundenteilnehmer Wattenscheid 09 zum berühmten Nachbarn nach Gelsenkirchen. Seiner Frau Jutta und dem Pudel Bongi scheint's auch zu gefallen . . .

kicker

Blond ist Trumpf

Schalke: Nicht nur sportlich ein Markenartikel – auch sonst „typisch deutsch"

Aus solchem Holz sind Nationalspieler geschnitzt: Rolf Rüssmann, der 20jährige Vorstopper der Schalker, der voller Ehrgeiz ganz für den Fußball lebt.

Auch er wartet sehnsüchtig auf den Tag, wo ihn Bundestrainer Schön in die Nationalelf holt: Norbert Nigbur, selbstbewußter Schlußmann der Schalker.

Er ist seit sechs Jahren Schalkes große Stütze in der Abwehr: Klaus Fichtel, einst reiner Ausputzer, inzwischen lupenreiner Klasselibero.

Der „Bomber wider Willen": Klaus Scheer, von Natur aus eigentlich Mittelfeldspieler, in den letzten Wochen aber auch als Sturmspitze erfolgreich.

Jürgen Sobieray, Außenverteidiger mit Offensivdrang, ebenso wie Scheer und Rüssmann vom Jahrgang 1950.

Hannes Bongartz wechselt von Wattenscheid 09 zum FC Schalke 04. **»Passt gut«**, meint Rolf Rüssmann, **»er ist auch blond. Genau wie Nigbur, Fichtel, van den Berg, Sobieray, Scheer, Lütkebohmert, die beiden Kremers und ich.**

Ab Ende August schlagen die kühlen Blonden aus dem grauen Westen in der Bundesliga zu!«

»Um Gottes willen! Ich habe mal einen Spieler gehabt, einen Kapitän, der war so was von dumm, der war dumm wie … dumm wie … (Einwurf des Interviewpartners: »Brot?«) **Ach, der hatte einen IQ, der so einzuordnen war wie die Temperaturen, die wir im Moment draußen haben, der war fast schon debil. Aber ein ü-ber-ra-gen-der Fußballer!** Dem musste ich nichts erklären, der hat alles immer richtig gemacht. Intuitiv. Seine Fußballintelligenz war sensationell. Aber vom normalen Intellekt: katastrophal. Der hat gehupt, wenn er gegen einen Baum gefahren ist.«

(Peter Neururer auf die Frage, ob der Intellektuellste in der Mannschaft stets Kapitän sein solle)

»Ich will jetzt nicht sagen, ich bin der tollste Torhüter. Aber ich habe bisher noch keinen kennengelernt, der von seinem Können her kompletter ist als ich.«

(Jens Lehmann)

»Che Guevara war ein Rebell, ein Kämpfer für sein Land. Das will ich auch sein. Ich will den Schwachen helfen. Das ist im Fußball genauso, da muss man den schwachen Gegner auch aufbauen. Das ist so eine eigene Logik von mir, dazu will ich gar nicht viel sagen.«

(Thorsten Legat zu seiner Che-Guevara-Tätowierung)

Dem Hans Sarpei seine schönsten Sprüche

Zu Risiken und Nebenwirkungen fragen Sie Ihren Arzt oder Hans Sarpei.

Hans Sarpei hat schon zweimal bis unendlich gezählt.

Hans Sarpei schneidet das Messer mit dem Brot.

Hans Sarpei kann seine eigenen Elfmeter halten.

Hans Sarpei fährt mit dem NRW-Ticket bis nach Bremen.

Hans Sarpei fährt immer schwarz.

Hans Sarpei darf während der Fahrt mit dem Busfahrer reden.

Chuck Norris kann alles. Hans Sarpei kann mehr.

Hans Sarpei trinkt aus dem Wasserhahn auf Ex.

Hans Sarpei bringt Zwiebeln zum Weinen.

Wie viele Liegestütze schafft Hans Sarpei? Richtig: Alle!

Sido hat gefragt, wer Hans Sarpei ist. Seitdem trägt er eine Maske.

Zuerst erschuf Hans Sarpei Gott.

Quelle: twitter.com/HansSarpei

Starschnitt
Rudi Assauer

Ein Gastwirt aus Bremen hatte in seinem Lokal eine Tafel angebracht, auf der geschrieben stand: **»Hier speiste Rudi Assauer.«** So lange, bis ein Gast darunterschrieb: **»Deshalb ist er auch nach Schalke gegangen.«**

(Aus der »Werder-Revue«, Stadionzeitschrift von Werder Bremen)

Assauer im September 1981 an seinem Schreibtisch

»Sir Assauer sprach oft durch die Nase, um seine perlweißen Jacket-Kronen zu schonen.«

(Max Merkel)

»Nicht alles, was sich in einem feinen Zwirn verbirgt, ist ein feiner Mensch.«

(Rene C. Jäggi, 1. FC Kaiserslautern)

»Ich hoffe, dass es kein Selbstmordversuch war.«

(Frank Rost zum Treppensturz des Managers)

»Wenn man da so ein bisschen auf den Zungenschlag hört, die »Bild« würde da sehr doppeldeutig titeln: ›Assauer voll dabei‹. Das ist vielleicht auch noch ein ganz kleines Problem, das man besprechen sollte. Inwieweit sollte ein Manager aufpassen, dass sein Grundnahrungsmittel nicht den ganzen Tag über flüssig ist?«

(Jörg Wontorra im DSF-»Doppelpass«)

»Assauer und unser Aufsichtsrat Dr. Böhmert sind seit fast 30 Jahren befreundet. Und dann kommt der hierher ins Stadion, trinkt kostenlos Bier und pflügt nebenbei noch die besten Spieler ab.«

(Jürgen L. Born, Vorsitzender der Geschäftsführung Werder Bremens)

»Bei ihm im Büro zu sitzen, ist kein Vergnügen.
Was der wegqualmt ...«

(Huub Stevens)

»Meine Teilzeit-Gefährtin,
Frau Schneider, hat ja absolutes **Sprechverbot in Sachen Fußball.«**

»Wenn Ottmar Hitzfeld behauptet, dass ich kein Rückgrat hätte, dann können wir doch mal gemeinsam zum Orthopäden gehen.«

»Beim Mannschaftsabend darf Bier getrunken werden, **aber 80 Prozent der Jungs bestellen Wasser. Was hätten wir uns früher einen gezogen.«**

»Ich würde nur für Pils und Zigarren werben. Alles andere wäre unglaubwürdig.«

»Seit Franz Josef Strauß nicht mehr regiert, ist es hier nicht mehr so nett.«

(Über das Rauchverbot in Bayern)

»Metzelder deckt sich selbst, und auch Höwedes hat auswärts Termine.«

(Wolff-Christoph Fuss)

»Andreas Möller von Schalke 04 sitzt nunmehr seit 72 Stunden im Entmüdungsbecken: Seine Eltern haben vergessen, ihn abzuholen.«

(Olli Dittrich)

»Ich schätze Herrn Schnusenberg, den ich persönlich sehr gut kenne, die tragen bei Schalke das Herz auf der Zunge. Die kommen ja auch aus der Fleischbranche.«

(Uli Hoeneß)

»Ich habe ihn gefragt, ob er weltmeisterlich schießt. Aber er wusste es nicht genau.«

(Frage von Jens Lehmann an Andreas Brehme vor einem Elfmeter-Duell zwischen den beiden)

»Wenn wir alle am Tisch sitzen und essen eine große Suppe und einer spuckt rein, dann schmeckt die allen nicht mehr.«

(Andreas Müller)

»Wir fanden es nicht attraktiv genug, uns Ihnen in Interviews zu stellen.«

(Horst Heldt auf die Frage, warum man dem ZDF die Interviews verweigert habe. Der TV-Sender hatte zuvor erklärt, man zeige lieber Spiele des BVB, weil Dortmund zurzeit den attraktiveren Fußball spiele.)

»Wenn sogar Eier eine Schale haben, wollen wir auch eine.«

(Plakat beim Spiel gegen Mönchengladbach)

»Musst du trinken, wirst du Meister.«

(Aleksandar Ristic schiebt auf einer Pressekonferenz einen Becher Müller-Milch, damals Sponsor der Schalker, zu Dragoslav Stepanovic.)

3650 g · 54 cm

Damit

Schalke

endlich Meister wird!

Hier kommt

Matthias Nowienski

Es freuen sich

Karin und Ulrich Nowienski

23. Juli 1986

Liebe ist ...

... seinem Verein neues Leben zu schenken

(Anzeige aus der Westdeutschen Allgemeinen Zeitung)

»Die Spieler lagen sich in den Armen, haben geschunkelt und lustige Lieder gesungen.«

(Ralf Rangnick auf die Frage, wie die Stimmung innerhalb seiner Mannschaft nach der Heimniederlage gegen Energie Cottbus gewesen sei)

»Besonders **sexy bin ich ja bestimmt nicht**, aber seit ich als Trainer arbeite, **beherrsche ich zumindest die Verbalerotik**.«

(Peter Neururer)

Die Zeit plätscherte dahin ...

1958–1998

Parkstadion

Bei der Eröffnung des neuen Parkstadions gegen Feyenoord Rotterdam will ganz Schalke mit dabei sein. **Bereits um 12 Uhr morgens stehen über 2.000 Menschen vor den Kassenhäuschen. Spielbeginn: 20 Uhr.** So früh am Tag sind die Kassierer natürlich noch nicht vor Ort. Was also tun? Kurz entschlossen setzen sich die Vorstandsmitglieder Siebert, Aldenhoven, Lehmann und Roman höchstpersönlich hinter die Verkaufsschalter und baden schon wenige Minuten später in 22.000 Mark. Die Scheine werfen sie in der Eile einfach auf den Boden der Kassenhäuschen!

BVB-Profi Burkhard Segler kann sich irgendwie nicht an die Rolltreppe gewöhnen, die im Parkstadion aus den Katakomben aufs Spielfeld führt: **»Schalke, das ist ja wie im Kaufhof mit der Mutti.«**

»Wenn du da ein Bierchen halb ausgetrunken hast, ist der Pappbecher bei Regen im Nu wieder voll.«
(Rudi Assauer über das alte Parkstadion)

Max Merkel, in seiner unverwechselbaren Art den Finger in die Neben- bzw. Haupterwerbswunde des damaligen königsblauen Vorsitzenden gelegt, den alle nur Oskar nannten: »Herr Siebert hatte im Gelsenkirchener Parkstadion das Monopol auf den Würstchenverkauf … Ich korrigiere mich: Es war seine Ehefrau! Heute handelt Präsident Siebert mit Cevapcici. Er muss in Jugoslawien eine Großmutter haben. Er kauft Jugoslawen, lässt sie in Gelsenkirchen a bisserl aufwärmen und gibt sie dann weiter.«

Klaus und Ralf K. aus Lingen (Saison 1986/87):

»Ein paar Anmerkungen zum Gelsenkirchener Parkstadion. 1. Die Anzeigetafel ist fast immer defekt, Aufstellung und Torschützen können nicht eingeblendet werden. 2. Die Ansage ist viel zu leise. 3. Die Musik ist eine Zumutung. Da werden Titel gespielt, die hat schon Hannibal gehört.«

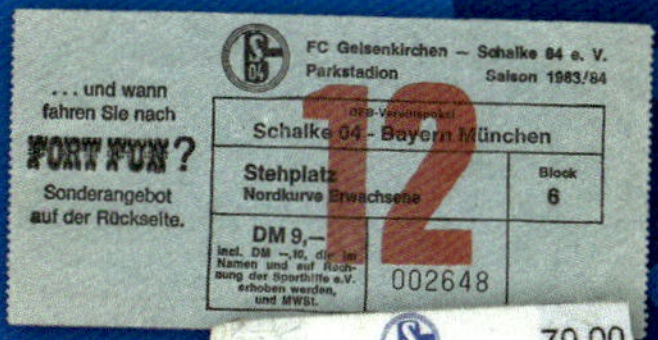

Manchmal kann es von Vorteil sein, wenn der eigene Präsident einen ungewöhnlichen Beruf hat. Als Schalkes »Sonnenkönig« Günter Eichberg zum ersten Mal die nackten Beine von Mannschaftsbetreuer Charly Neumann sieht, ist der Fall für ihn klar: Der Mann muss seine Krampfadern in einer von Eichbergs Kliniken behandeln lassen. Neumann ist erst skeptisch, freut sich nach der erfolgreichen Operation aber umso mehr. Lachend verspricht er seinem Präsidenten: **»In der neuen Saison hüpfe ich durch das Parkstadion wie ein junger Gott!«**

»Da springen schon mal die Gallensteine rauf und runter.«

(Trainer Frank Neubarth über die schwache Chancenauswertung seiner Stürmer)

»Wenn i a Obst ess', spür' i a Druck.«

(Max Merkel auf die Frage, ob er Erfolgsdruck verspüre)

»Die Stimmung ist eigentlich wie vor dem Spiel. Mit dem kleinen Unterschied, dass wir aus dieser äußerst großen Minimalchance, minimaler geht's gar nicht mehr, eine etwas kleinere gemacht haben, die größer geworden ist.«

(Peter Neururer)

»Wenn wir an Schalke denken, bekommen wir Blut in die Augen.«

(Ivan Zamorano in Anspielung auf Inters UEFA-Cup-Finalniederlage 1997)

»Ich komme 2002 als Bundeskanzler einer Minderheitsregierung zur Meisterfeier nach Schalke.«

(Jürgen Möllemann)

Eines Tages schreibt das reich bebilderte Erotikmagazin, das Männer ja bekanntlich einzig und allein wegen der lesenswerten Interviews kaufen, eine heiße Geschichte über **Friedhelm Rausch**, den Casanova aus dem Revier. Natürlich bekommt Rausch Wind von der Sache und stürmt am Veröffentlichungstag schon früh am Morgen aus dem warmen Ehebett hinaus in die kalte Herbstnacht. Im morgendlichen Nebel entdeckt ein Mannschaftskollege den attraktiven Schalker Verteidiger an einem Kiosk in Duisburg, wie er gerade mit vollen Händen einen großen Packen »Playboy«-Ausgaben in seinen Kofferraum wuchtet. Nervös schaut sich Rausch dabei in alle Richtungen um. Als er die Klappe des Kofferraums geschlossen hat, setzt er sich lässig hinter das Lenkrad seines schnittigen Sportwagens und blinzelt mit einem kessen Augenaufschlag seinem Mannschaftskameraden zu: **»Hömma, is klar, zu keinem ein Wort, ne! Ich muss weiter. Alle Ausgaben aufkaufen, bevor meine Schwiegereltern eine entdecken.«** Als Rausch mit quietschenden Reifen davonbraust, schaut ihm sein Teamkollege verdattert hinterher und mustert die Rückfront des Autos äußerst skeptisch. Und dann lächelt er: Die Karre liegt durch das Gewicht der vielen Hundert Hefte mit dem Arsch fast schon auf dem Boden!

Starschnitt Rolf Rüssmann

4:0 in Bremen verloren. Rolf Rüssmann ist sauer:
»Das war doch keine Deckungsarbeit.
Das war Schweizer Käse!«

»Wenn wir hier nicht gewinnen, dann treten wir ihnen wenigstens den Rasen kaputt.«

»Sie haben einen Fuß wie ein Bügeleisen.«
(Rudi Gutendorf)

Mitten in der Saison wechselt Rolf Rüssmann am 1. Dezember von Schalke zum Reviernachbarn nach Dortmund. Eigentlich ein Unding in normalen Zeiten, doch die Zeiten auf Schalke sind alles andere als gewöhnlich. Man kämpft gegen den Abstieg und hat einfach kein Geld mehr. Der Transfer vor den finanziell harten Wintermonaten ist die einzige Rettung – das weiß auch Rolf Rüssmann: **»Ich habe mich auch bei Spielen unterm Dorfkirchturm für Schalke eingesetzt. Jetzt leiste ich dem Verein einen letzten Dienst und wehre mich nicht gegen einen Transfer, dessen Erlös Schalke vielleicht retten kann.«**

Rolf Rüssman mit Frau Eva und Tochter Nina 1977

Starschnitt
Andreas Möller

»Schalke ist mein Mount Everest. Diesen Gipfel will ich noch erklimmen.«

»Ich denke, dass man stolz sein kann **auf die Leistung von Schalke 04, wegen der Leistung.«**

(Andreas Möller)

»Ich hatte vom Feeling her ein gutes Gefühl.«

»Die Fans sind absolut unversöhnlich und wollen lieber in die zweite Liga absteigen, als mit Möller Erfolg haben.«

(Rudi Assauer)

»Nenn sie doch Berta – nach deinem Freund Berti!«

(Deutsche Nationalspieler auf die Nachricht von Möller, dass seine Frau bald eine Tochter erwarte)

»Einige haben von einem recht guten Spiel gesprochen. **Da frage ich mich, ob ich zum Augen- oder Ohrenarzt muss.«**

»Andere können sich ja gerne vor dem Spiel die Eier hart kochen.«

(Zum Vorwurf, ein Weichei zu sein)

»Das ist Andy Möller, der bald eine Tochter erwartet.«

(Jörg Dahlmann)

»Nein, das machen wir nicht. **Das machen wir wieder rückgängig.«**

(Schmunzelnd verkündete Reaktion von Schalkes Routinier Olaf Thon auf die Verpflichtung von Andreas Möller)

Auf Schalke möchte man den Fans einen echten Kracher präsentieren und hat sich dafür nach der Weltmeisterschaft im eigenen Land den blonden Verteidiger **Marinho aus Brasilien** ausgeguckt. Ein echter Lebemann ist das und einer fürs Auge. Die königsblauen Fußballdamen sind von dem Sonnyboy schon ganz begeistert. Doch noch ist er nicht verpflichtet. Da sein Transfer nicht billig ist und die Schalker wie immer sehr knapp bei Kasse sind, sollen die Anhänger über den Wechsel entscheiden. Beim Spiel gegen die Bayern sollen also 70.000 Fans auf einem Stimmzettel ihr Kreuzchen machen. Man stellt Urnen an den Ausgängen auf, und nachdem alle Wahlberechtigten ihre Stimme abgegeben haben, fährt man die Behälter auf die klubeigene Geschäftsstelle. Doch Schalke wäre nicht Schalke, wenn man nun in aller Seelenruhe die Zettel gezählt und anschließend das Ergebnis vor der versammelten Presse bekannt gegeben hätte. Nein. Noch bevor überhaupt irgendjemand die Wahlzettel zu Gesicht bekommen hat, sind diese bereits mitsamt der Urnen von der Müllabfuhr abgeholt. Das erfährt natürlich zunächst niemand. Da der Transfer jedoch ohnehin die Schalker Finanzen überstiegen hätte, verkünden Charly Neumann und Günter Siebert unisono mit gespielter Unschuldsmiene: **»Mit knapper Mehrheit wurde Marinho von den Zuschauern abgelehnt.«** Später wird Siebert zugeben, dass der Marinho-Transfer für Schalke eine Nummer zu groß war: **»Diesmal bin ich am Mond hängen geblieben.«**

Der blonde Marinho will Popsänger werden

Wo der blonde Marinho ist, da sind auch viele hübsche Mädchen. Nach Schallplattenerfolgen und einem Abstecher in die Filmwelt möchte der brasilianische Star jetzt mit dem Fußball Schluß machen.

Starschnitt
Mike Büskens

»Wir liegen heute noch am Boden. Aber ab Montag wird wieder aufgestanden.«

»Wenn keiner die Schale haben will – mein Gott –, ich nehme sie gerne mit nach Hause.«

(Zum Thema Meisterschaft)

»Ja, da hab' ich gedacht, mein Gott, da rentieren sich mal endlich die 5 Millionen, die ich hier Jahr für Jahr kriege.«

(Nach einem Torerfolg)

»Wenn der Büskens nur halb so gut spielen würde, wie er die Zäune hochklettert, wäre er Weltklasse.«

(Rudi Assauer)

»Auch wenn der Fußballgott hier steht, ich muss vorbei.«

(Zu Jürgen Kohler, der ihm vor der Kabinentür im Weg stand)

»Ich muss jetzt etwas Geld verdienen gehen.«

(Minuten vor einem Bundesligaspiel)

Starschnitt

Thorsten Legat

»Außerdem plane ich eine Autobiografie, das wird ein Bestseller. Wenn Effenberg das macht, kann ich das schon lange machen. Da kommt die Wahrheit bei einigen Leuten ans Tageslicht – ich habe nichts mehr zu verlieren.«

»Verstärken können die sich, aber nicht auf der rechten Seite. Da bin ich. Ich komme selber aussem Pott. Mein Vater war auf der Hütte. **Wenn ich wieder fit bin, zeig ich denen, wat malochen heißt.«**

»Nur die Harten kommen durch.«

(Zu Journalisten, als er, mit sieben Stichen genäht, frisch aus dem Krankenhaus kam)

»Die Bayern vertragen keine Härte, und ich bin der Erste, der anfängt damit.«

»Es war toll, es war klasse, es war **wie ein Albtraum**.«

(Nach einem hohen Heimsieg)

Der Beweis

Weil **Thorsten Legat** im Fitnessraum seines früheren Vereins, VfB Stuttgart, auf ein Poster, das seinen dunkelhäutigen Mannschaftskollegen Pablo Thiam mit einer Trinkflasche in der Hand zeigt, das Wort **»Negersaft«** geschrieben hat, muss er die Schwaben verlassen. Nun spielt er beim FC Schalke 04 und hat wieder nur Unsinn im Kopf. Als das offizielle Mannschaftsfoto der Schalker geknipst werden soll, raunt ihm von der Seite sein Mitspieler Olaf Thon zu: **»Legat, wenn du deine Hose bis zum Anschlag hochziehst, bekommst du von mir 500 Mark!«** Aus dem Hintergrund schaltet sich Andreas Möller ein: **»Ich erhöhe auf 1.000, Thorsten!«** Da lässt sich Legat nicht lange bitten, schiebt das Hemd in die Hose und zieht diese bis unter die Achseln hoch. Und tatsächlich schafft es Legat mit dieser Aktion unbemerkt in das »kicker«-Sonderheft. Dumm nur, dass Manager Assauer, als er das Magazin in den Händen hält, nicht viel Sinn für Humor zeigt: **»Mensch, Thorsten, was haste jetzt wieder angestellt? 20.000 Mark Geldstrafe, 5.000 Mark in die Mannschaftskasse und noch ein Essen für alle obendrauf.«** Als Legat noch kurz einwendet, dass sich das für ihn aber nicht rentieren würde, da er doch nur 1.000 Mark bekommen hätte für die Wette, schmeißt ihn Assauer hochkant aus seinem Büro.

»Der Kopf der Gruppe darf nie auf Sparflamme brennen.«

(Marco Kurz)

»Meine Kontoauszüge!«

(Erik Jendrisek auf die Frage nach seiner Lieblingslektüre)

»Man tauscht sich aus – und irgendwann tauscht man dann aus.«

(Horst Heldt auf die Frage nach personellen Konsequenzen)

»Bei uns muss der Matellan erst das Vaterunser auf Deutsch können, bevor er eine Minute spielen darf. Die Dortmunder holen einen vom Zuckerhut, und der macht sofort ein Tor.«

(Schalke-Fan über die Südamerikaner Anibal Matellan bei Schalke 04 und Ewerthon bei Borussia Dortmund)

»Wenn Schalke Meister würde, dann läuten im ganzen Revier die Glocken.«

(Rudi Assauer)

Auf Schalke wird ein Film gedreht: **»Fußball ist unser Leben«** heißt der Streifen, in dem Schalke-Spieler Yves Eigenrauch, Mannschaftsbetreuer Charly Neumann, Manager Rudi Assauer und Trainer Huub Stevens mitwirken. Auch Olaf Thon und Mike Büskens haben Mini-Rollen im Film, der die Geschichte eines entführten Profis erzählt und mitten auf Schalke spielt. WDR-Kommentator Manni Breuckmann, Ulli Potofski und Helmut Schulte glänzen ebenfalls in kurzen Auftritten neben den Hauptdarstellern Uwe Ochsenknecht, Tana Schanzara und Ralf Richter. Die Stadion-Szenen wurden in der letzten Saison vor den Heimspielen gegen den 1. FC Kaiserslautern und Eintracht Frankfurt gedreht.

Das Karriere-Aus auf Schalke wegen eines Kreuzbandrisses beschäftigt **Michael Skibbe,** doch der junge Mann hat Pläne: Er will nicht nur Trainer werden, auch Nachwuchs ist geplant. Irgendwann:

»Im Moment haben wir nur einen Hund. Und der ist schon schwer genug zu erziehen.«

Frauen

»Nee, die Mama ist doch da.«

(Halil Altintop auf die Frage, ob er nicht bald einmal eine Freundin haben wolle)

»Endlich mal eine vernünftige Alte, die was von Fußball versteht.«

(Rudi Assauer über eine neue Lebenspartnerin)

Torschützenkönig wird der Schalker Klaas-Jan Huntelaar. Auf die Frage, ob der Niederländer denn seine Torjäger-Kanone voller Stolz mit ins Bett nehmen würde, antwortet der S04-Stürmer:

»Ich gehe lieber mit meiner Freundin ins Bett.«

»Ich wüsste nicht, was wir reden sollten. Ich habe keine 24-jährige Freundin, **ich habe ein anderes Leben**.«

(Jens Lehmann auf die Frage, warum er und Oliver Kahn sich nichts zu sagen hätten)

»Die Alte ist trotzdem unheimlich in Ordnung!
Ich habe sie kennengelernt, als ihr Zahnarzt mir das Esszimmer neu tapeziert hat. Kerstin merkte sofort, dass ich bei der Behandlung ein bisschen Schiss hatte. Sie hielt mir ganz lieb das Händchen.«

(Rudi Assauer über seine neue 24-jährige Lebensgefährtin, die als Zahnarzthelferin arbeitet)

Frauen! Wolfram Wuttke krönt seine geniale Leistung bei einem 5:0 gegen Bielefeld mit seinem dritten Tor – und was macht seine Gattin? Wuttke: **»Das kann ich gar nicht fassen. Ich mach so ein Ding, und die sieht nicht hin!«** Tatsächlich dumm gelaufen: Brigitte Wuttke machte sich bereits für die dritte Halbzeit fein und zog im Moment des dritten Torerfolgs ihres Mannes an diesem Tage noch einmal in aller Ruhe den Lippenstift nach!

»Ich akzeptiere den Frauenfußball, aber lieber treffe ich Frauen in der Disko.«

(Mladen Krstajic)

BVB

BVB-Fans haben „plötzlich eine Schalkerin" als Kind

19.04.2013 | 20:04 Uhr

Anja und Marcus Kuno haben ihre Tochter nach Felipe Santana benannt - dem Dortmunder Helden, der nun wohl zum FC Schalke wechselt. Foto:

Es ist erst wenige Tage her, da sicherte sich Felipe Santana einen wichtigen Platz in der BVB-

Reporter

»Für die Schalker hat sich die Fahrt gelohnt. Auswärtssieg und sie haben mal eine richtig schöne Stadt zu sehen gekriegt.«

(Steffen Simon nach Schalkes 1:0 im UEFA-Cup bei Heart of Midlothian)

»82 Minuten vorbei, dann ging Glieder, von Assauer fast krankenhausreif getätschelt.«

(Bernd Schmelzer)

»Hätten Sie das Spiel gern gewonnen?«

(Waldemar Hartmann zu Schalke-Coach Jupp Heynckes nach dem 2:2 im Revierderby gegen den BVB durch ein Gegentor in der Nachspielzeit)

»Er kann nicht aus seiner Haut, er ist gelernter DDR-Bürger: immer ein gehöriges Maß an Verbissenheit.«
(Jörg Wontorra über Trainer Jörg Berger)

Olaf Thon: »Jeder Abstieg hat auch etwas Gutes. Dann kann man wieder nach vorne schaun.«
Rudi Brückner: »Sie sind ja damals zu den Bayern gegangen.«

»Zu die Pressetische.«

(Hinweisschild im Parkstadion)

Am 24. Februar 1973 steht die Partie des FC Schalke 04 gegen den FC Bayern München kurz bevor. Da ereilt den Stadionsprecher eine furchtbare Nachricht: Auf der Trabrennbahn in Gelsenkirchen ist ein Brand ausgebrochen. Der Rennbahninspektor und ehrenamtliche Stadionsprecher auf Schalke eilt überstürzt von dannen und schickt den eigentlichen Bahnsprecher, der durch den Brand entbehrlich geworden war, den Pferdeexperten Werner Hansch. Von Fußball hat dieser keine Ahnung. Doch er macht seine Sache gut – bis zu diesem einen legendären Moment, als es plötzlich ganz still wird auf Schalke. **»Mit der Startnummer 1, Norbert Nigbur…«**, verkündet Hansch über die Lautsprecherboxen und muss irritiert mit ansehen, wie sich die Leute vor Lachen die Bäuche halten. Mit einem einzigen Satz hat sich der spätere TV-Kommentator an diesem unvergesslichen Nachmittag einen Platz im ewigen Fußballhimmel gesichert.

Starschnitt
Felix Magath

Medizinballtraining am Strand. Wer hat's erfunden? Der Magath …

Als Felix Magath zur Saison 2009/10 zum FC Schalke 04 kommt, eilt ihm sein Ruf natürlich schon voraus. Von **»Quälix«** erwarten die Zuschauer gleich beim ersten Training das volle Programm. Als das irgendwie ausbleibt und es eher nach einer ruhigen Übungseinheit aussieht, beschwert sich ein Trainingsplatzkiebitz lautstark: »Hömma, es hat noch kein Spieler gekotzt! Und wo sind überhaupt die Medizinbälle?« Magath reagiert gelassen und beruhigt den aufgebrachten Fan souverän: »Alles zu seiner Zeit. Das kriegen wir hier schon hin.«

Ernst Popp aus Sugenheim in Bayern fragt während der Zeit von Felix Magath: »Kann es sein, dass Schalke eine versteckte gesetzliche Krankenkasse ist und sie vom Gesetz her verpflichtet ist, jeden aufzunehmen?«

»Einer Schachfigur verspringt kein Ball, bloß weil sie schlecht geschlafen hat.«

(Felix Magath über Parallelen und Nicht-Parallelen von Schach und Fußball)

»Eine schöne Kombination auf dem Fußballplatz ergibt sich nicht einfach so. Schönheit ist die Abwesenheit von Zufällen.«

»Wenn ich als 48-Jähriger noch mithalten kann beim Konditionstraining, dann kann ich das auch von meinen Spielern verlangen.«

(Zu seinen Schleifer-Methoden)

»IMG hat eine Analyse machen lassen, die besagt, dass ich sehr sympathisch, beliebt und sehr werbewirksam sei. Ich hoffe, dass das noch lange so bleibt.«

(Über eine Analyse seiner neuen Vermarktungsagentur)

»Ich wurde dafür bezahlt, hier zu arbeiten. Nun werde ich dafür bezahlt, dass ich gehe.«

»**Nix mehr** mit Zerrungen nachts in der Disco. **Nix mehr** mit Nasebohren am Mittelkreis. **Jetzt wird wieder marschiert!**«

(Max Merkel über die Marschroute des Trainers Magath)

»Felix Magath ist der letzte Diktator Europas.«

(Bachirou Salou)

»Grundsätzlich ist es mir egal, was meine Spieler essen und trinken. **Hauptsache sie nehmen mir bei McDonald's keinen Platz weg.**«

Einer der Schalker Meineid-Geschädigten kauft von dem Geld seinen Eltern einen Farbfernseher. Rolf Rüssmann 1977: **»Der steht heute noch da!«** Rund um den Schalker Markt ist man sauer auf den Schalke-Präsidenten und Verteidiger der Königsblauen im Prozess, Karl-Heinz Hütsch. Ein Kneipengast im Vereinslokal des S04: **»Er hätte nicht zulassen dürfen, dass die Spieler die Finger hochheben. Das waren doch nicht die üblichen 15 Zuhälter, die dichthalten bis zum Gehtnichtmehr. Das musste der Mann doch sehen!«**

Unser Vertragsspieler **JÜRGEN SOBIERAY** sucht per sofort in Gelsenkirchen eine

3 1/2-Zimmer-Wohnung,

evtl. auch im Umkreis von 25 km

Angebote senden Sie bitte an die Geschäftsstelle des FC Schalke 04, 465 Gelsenkirchen-Schalke, Glückauf-Kampfbahn

Als auf Schalke die berühmten »Meineid«-Strafen des Bundesligaskandals verbüßt werden müssen, sollen Klaus Fischer und Jürgen Sobieray während ihrer Sperre von einem Bauunternehmer beschäftigt werden. Eine schöne Story für die Zeitung mit den vier Buchstaben. Und sogleich wird ein Fotograf losgeschickt, der auf die Schnelle großformatige Bilder von den beiden Schalkern auf dem Bau schießt. Wunderschöne Fotos mit zwei glücklich lächelnden Fußballprofis in blauen Arbeiteroveralls, mit Schutzhelmen auf dem Kopf, einer Schaufel in der Hand und der obligatorischen Schubkarre vor den Füßen. Richtig knallhart zupackende Bauarbeiter stehen da vor der Linse des Fotografen. Alles scheint perfekt – bis auf die in der Sonne glänzenden Lackschuhe von Sobieray. Die Reaktionen am nächsten Tag sind heftig. Ein Leser der Zeitung beschwert sich frei heraus: »Ihr könnt uns nicht verarschen. Das sind doch nur Lau-Malocher!«

Karneval auf Schalke: Helmut Kremers, Herbert Lütkebohmert, Klaus Scheer und Helmut Pabst (v.l.)

Nach Schalkes deutlicher 1:4-Heimklatsche gegen die Bayern ist Martin Giesel bedient:

»Das war wie bei Steffi Graf. 6:1, 6:1 und dann fertig.«

»Dass Pflügler bei Ecken von hinten nach vorne kommt, da sprechen sogar schon die Chinesen drüber. Die wissen das, nur meine Mannschaft nicht.«

(Trainer Rolf Schafstall)

»Der Reinhard könnte noch heute mit 'ner Einkaufstüte in der Gelsenkirchener City betteln gehen und hätte sie in 'ner Viertelstunde voll. Aber nie würde er das tun.«

(Gerd Novak, der Pächter von Libudas Tabakladen)

»Alle Spiele im Pokal sind schwierig. Wir werden aber vorbereitet sein und die drei Punkte mit nach Hause nehmen.«

(Kevin-Prince Boateng kennt eher nicht die eigenen Gesetze des Pokals.)

»Er konnte auf jeden Fall nur in eine Richtung laufen.«

(Horst Heldt auf die Frage nach der Art der Knieverletzung von Marco Höger)

»Spieler haben scheiße gespielt! Tut mir leid, kann ich nichts für, würde ich auch gerne anders sagen, aber Spieler haben scheiße gespielt! Absolute Scheiße!«

(Aleksandar Ristic)

»Der Rausch, das ist ein erfahrener Cowboy. **Dem kann man nicht in die Satteltasche pinkeln.**«

(Stefan Kuntz über Friedel Rausch)

»Ich habe einmal drei Spieler auf einen Schlag ausgewechselt. **Das wurde mir anschließend als Völkerwanderung ausgelegt.**«

(Ralf Rangnick auf die Frage, warum er nur zwei statt drei Profis in der Halbzeit neu ins Spiel gebracht habe)

»Wenn man es sich einfach machen will, sagt man: **›Es liegt am Trainer.‹ Aber wer glaubt denn schon tatsächlich im Ernst, dass es an mir liegt?«**

(Frank Neubarth)

»Wir waren alle vorher überzeugt davon, dass wir das Spiel gewinnen. So war auch das Auftreten meiner Mannschaft – zumindest in den ersten zweieinhalb Minuten.«

(Peter Neururer)

Trainer Peter Neururer raucht eine Zigarette, daneben Co-Trainer Klaus Fischer August 1990.

Der Schalker Jungprofi Willi Kraus sitzt mit ein paar Kumpels in einem Nachtlokal. Seine Freunde vergöttern ihn, den jungen Mann aus ihren Reihen, der es bis in die Bundesliga geschafft hat. Kraus weiß das und genießt seinen Status. Als es ihm nun irgendwann zwischen all den nackten Frauen und dem Alkohol langweilig wird, sagt er: **»Ich will eine Parkuhr sehen!«** Und weil seine lächelnden Kollegen nicht sofort aufspringen, wiederholt Kraus noch einmal seine klare Ansage deutlich bestimmter: **»Ich will eine Parkuhr sehen!«** Zwei junge Männer rennen hinaus, und es dauert nur wenige Minuten, bis sie wieder zurück im Nachtlokal sind. Auf ihren starken Schultern haben sie eine Parkuhr abgelegt. Stolz stellen sie ihr Beutestück vor Kraus auf den Boden. Jeder Gast muss einen Groschen in die Uhr werfen, bis Kraus signalisiert, dass er nun keine Lust mehr habe. Man widmet sich wieder den nackten Mädchen und dem Alkohol und lässt die Parkuhr wieder Parkuhr sein – mitten in einem Nachtlokal im Ruhrgebiet.

Sein Mitspieler Willi Koslowski erinnert sich an Kraus:

»Er war ein eisenharter Stürmer mit einem guten Schuss. Wenn er vor eine Bande getreten hat, hat der kaum etwas gemerkt!«

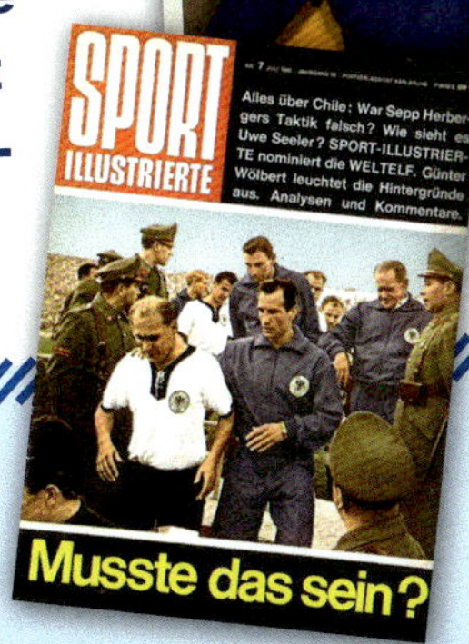

Starschnitt
Rudi Assauer

»Wenn du heute als Manager jungen Leuten gegenüberstehst und eine Wampe hast, dann bist du unglaubwürdig.«

»Wenn du in der **ersten Minute das 1:0 machst** und in der **letzten das 2:0**, dann **kann dir nichts passieren.**«

»Zu meiner aktiven Zeit haben die Doofen Fußball gespielt, heute haben auf Schalke zwei Drittel der Spieler Abitur.«

»Die ist unheimlich okay.«

(Liebeserklärung an seine zweite Ehefrau Britta)

»Ehrenpräsident? Das sind doch die, die in der Kuhle liegen.«

(Zu seiner möglichen späteren Funktion auf Schalke)

»Vor dem heißen Ofen tropfen alle Menschen gleich.«

(Über seine Sauna-Leidenschaft)

»Als ich noch in Bremen war, hörte ich, dass unser Masseur schwul ist. Ich bin zu ihm gegangen und habe ihm gesagt: ›**Junge, tu dir einen Gefallen – such dir einen neuen Job.**‹«

»Wir stellen hier auf dem Vereinsgelände noch ein paar Dixi-Klos auf, die können wir ja dann nach Politikern benennen.«

(Assauer ärgert sich über die Kommunalpolitik in Gelsenkirchen.)

»Damen einzuwechseln und den Gegner zu erschrecken.«

(Auf die Frage einer Journalistin nach dem möglichen Erfolgsrezept in der Champions League gegen Istanbul)

»Gelb geht nicht. Gelb ist Dortmund. Gelb geht echt nicht.«

»Ich habe beschlossen, dass ich immer im Ruhrgebiet bleibe, also werde ich auch immer auf Schalke gehen. Vorausgesetzt, dass ich noch laufen kann. Und wenn nicht, kann mich ja auch eine Dame in die Arena schieben.«

»Wenn der **Kleine** mit der Zigarre frech wird, gibt's von mir Feuer.«

(Michael Huber, vom Schalke-Sponsor Veltins)

»Manager Rudi Assauer sitzt bei den Spielen neben mir. Er gehört mit auf die Bank, wie die Schalke-Arena zu Gelsenkirchen gehört.«

(Jupp Heynckes, der die gewohnte »Sitzordnung« auf der Bank nicht verändern will)

»Warm gemacht hab' ich mich **wie Maradona**, aber gespielt hab' ich wie **›Katsche‹ Schwarzenbeck**. Nach den heutigen Regeln hätte ich damals schon **beim Aufwärmen eine Gelbe Karte** gekriegt.

(Peter Neururer auf die Frage, was er für ein Fußballertyp gewesen sei)

1 H 3913 E
Ausgabe Z – Nr. 45 · 22. April 1990
Bundesligaspiel Hannover 96
21. Jahrgang 19 – 89/90
Verkaufspreis 2,00 DM

Schalker KREISEL

Offizielle Vereins- und Stadionzeitschrift des FC Gelsenkirchen-Schalke 04

Jetzt beginnt der Start in die 1. Liga

Die deutsche Goodyear + Schalke 04 haben alle Triebwerke gezündet … …Start frei zur 1. Bundesliga

…übrigens: die Raketen können Sie im Stadion kaufen!

Spar- und Darlehnskasse Essen eG

Wir machen den Weg frei »auf Schalke«

Im Frühjahr 1990 verspricht Charly Neumann den Schalker Spielern ganz generös: »Wenn ihr in die Bundesliga aufsteigt, dürft ihr bei mir bis zu eurem Lebensende umsonst essen.« Doch irgendwie scheint das liebevolle Angebot nicht zu wirken. Und als der S04 bei Fortuna Köln mit 1:2 verliert, gibt es nicht wenige, die sagen: »Die Niederlage ist doch kein Wunder. Wer will deinen Fraß schon fressen?«

Eine Meldung im Internet: **»Mit einem Totalschaden an seinem Auto endete für einen 25 Jahre alten Gelsenkirchener am Mittwochabend der Jubel über den Siegtreffer von Schalke 04 im Duell gegen Alemannia Aachen. Nach Polizeiangaben jubelte der Fan am Steuer seines Wagens so ausgelassen, dass er einen am Straßenrand geparkten Sattelzug übersah und nahezu ungebremst auf das Hindernis auffuhr. Er musste mit Rippenprellungen und einem Schleudertrauma ins Krankenhaus gebracht werden.«**

»Vor der Saison hat man mir mitgeteilt,
dass wir vorne gut bestückt sind.«

(Jupp Heynckes über nicht erfüllte Erwartungen auf Schalke)

»Viele alte Leute haben das Glück, körperlich und geistig gesund Ratschläge und Erkenntnisse weitergeben zu können. Herr Merkel gehört leider nicht dazu. Ihm ist aber zu wünschen, dass er wenigstens körperlich unversehrt bleibt.«

(Benno Möhlmann)

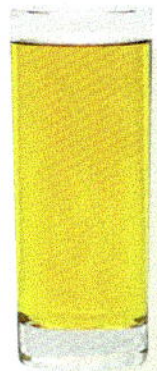

»Der Genuss von Zuckerlimonade beeinträchtigt die Trainingsadaption.«

(Peter Neururer)

»Ich glaube, das Team hat sich im Trainingsplan in der Spalte geirrt. **›Tag der offenen Tür‹** ist erst am Sonntag.«

(Ralf Rangnick nach einer hohen Niederlage)

»Hoffentlich haben's eine Wiese vor dem Gericht, dann trainieren wir in den Verhandlungspausen.«

(Max Merkel während des Bundesligaskandals)

Starschnitt Ailton

»Von mir aus kann er auch **auf der Torlatte entlang balancieren**, solange er sich dabei nicht verletzt.«

(Ralf Rangnick in Bezug auf Stürmerstar Ailton, der beim Warmmachen in der Pause den Torwart markierte)

»So ist halt der Toni:
Wenn er müde wird, kratzt er sich am Kopf.«

(Ralf Rangnick über Ailton, der ihm bei einer Auswechslung den Vogel zeigte)

Als Ailton nach Schalke kommt, wird er nicht unbedingt mit offenen Armen empfangen, schließlich hatte er noch im Frühjahr über seine neue Heimatstadt gesagt: »Alles, was ich bisher über Gelsenkirchen gehört habe, ist ein Desaster.« Als er dann auch noch mit einem Leihwagen mit Dortmunder Kennzeichen vorfährt, muss er ganz schnell versprechen, sich ein Auto mit Gelsenkirchener Nummer anzuschaffen. In diesem Zuge sichert er den Fans auch zu, die Grünfläche vor seinem Haus ebenfalls an seinen neuen Arbeitgeber anpassen zu wollen: »Den Rasen in meinem Garten färbe ich noch blau. Grün ist die Werder-Farbe, aber jetzt bin ich ein echter Schalker.« Die Schalker Fan-Initiative e.V. schreibt ihm dennoch einen offenen Brief: »Sehr geehrter Herr Goncalves da Silva. Wir haben uns Gelsenkirchen nicht ausgesucht und Schalke auch nicht. Wir sind es! Komm ma lecker bei uns bei – und nach der ersten Meisterfeier mit uns wirst du am nächsten Morgen gar nicht mehr wissen, wo Bremen überhaupt liegt.«

»Ailton ist der einzige Bundesligaspieler mit einer Figur wie ein Schneemann.«

(ARD-Kommentator)

»Dann verpassen wir dem **Dicken** eine **dicke Geldstrafe**.«

(Rudi Assauer zu den Befürchtungen, Ailton käme zu spät aus seinem Sonderurlaub zurück)

»Ailton ist wie Medizin für Kranke.«

»In Deutschland läuft der Karneval anders, als ich ihn kenne. Hier ziehen sich alle komisch an – in Brasilien ziehen sich immer alle aus.«

»Schalke versteht mich nicht.«

»Ich muss jetzt nach Gelsenkirchen!«

(Wehmütiger Abschied aus Bremen)

»Wenn ich Trainer wäre und einen Ailton hätte, würde der immer 90 Minuten spielen.«

»Vielleicht haben sich die Deutschen gegenüber Gott schlecht verhalten. Deshalb hat er sie mit der Kälte bestraft.«

»Es ist einfacher Tore zu schießen, als den deutschen Führerschein zu machen.«

»Ich mache schöne Augen, die Stuttgarter Abwehr hat keine Chance, der Torwart auch nicht. **1:0, das ist Ailton.**«

»Alles aus dem Norden kannst du gebrauchen. Auch der Tscheche an sich macht seinen Job, den hörst und siehst du nicht. Absolut pflegeleicht. Polen und Russen verursachen nur Theater. Da passiert ständig etwas, mit dem Auto, mit den Landsleuten, mit der Freundin.«

(Rudi Assauer philosophiert über ausländische Spieler.)

»Fußballer sind schöpferische Wesen. Die erschließen sich ständig neue Gebiete, auf denen sie Fehler machen können.«

(Jupp Heynckes)

»Man kann wirklich nicht immer seiner eigenen Meinung sein!«

(Jörg Berger)

Günter Schlipper versucht erst gar nicht, sein Verhältnis zum neuen Trainer schönzureden. Als ihm der Durchbruch in der Bundesliga nicht gelingt, hat **»Schlippinho«** für sein Versagen bereits einen Schuldigen gefunden: »Als dann der Helmut Schulte kam, wusste ich schon beim ersten Training: Deine Zeit ist hier vorbei, der Mann kann nicht dein Freund werden. Vor dem Lattek hatte man ja noch Respekt, aber wenn ich diese Gurke vor mir gesehen habe, konnte ich nur den Kopf schütteln.«

»Der Trainer hat gesagt, ich hätte muskuläre Probleme.«

(Jermaine Jones auf die Frage, warum Felix Magath ihn nicht aufgestellt habe)

DIE WELT zur Startseite machen

Home | Politik | Wirtschaft | Geld | Sport | Wissen | Panorama | Kultur | Reise | Motor | Regionales | Meinung

IN DEN NACHRICHTEN: Hameln | Boston | Euro-Krise | Uli Hoeneß | Robert Lewandowski

FC Schalke 04

Dreierpack

Schalker Huntelaar scheißt bei Comeback den HSV ab

Nach siebenwöchiger Verletzungspause hat sich Stürmer Klaas-Jan Huntelaar eindrucksvoll zurückgemeldet. Der Holländer schoss drei Tore gegen den HSV und festigt so Schalkes dritten Tabellenplatz.

»Normalerweise sagt man ja, die Holländer haben einen **Riecher für Käse – er hat einen für Tore. Er ist ein Phänomen.«**

(Lewis Holtby über Klaas-Jan Huntelaar)

»Ich habe genau 75 Milliliter geschafft. Aber neuerdings braucht man 90!«

(Kevin Kuranyi konnte bei der Dopingkontrolle nicht genug pinkeln.)

»Schalke war heute eine **Nummer zu groß für uns, nicht nur von der Größe her.«**

(Bernd Schneider)

Präsident Günter Eichberg bringt sich vor der Jahreshauptversammlung schon einmal in Stellung. Verbal schießt er auf seinen Rivalen Helmut Kremers: **»Kremers wäre als linker Verteidiger heute für Schalke immer noch wertvoller als im Präsidium.«**

Starschnitt

Wolfram Wuttke

»Ich kann doch nicht vor jedem Spiel einen **Rhetorik-Kurs** besuchen.«

»Das Schlimme für mich sind nicht die Spiele, sondern die Zeit, die ich inzwischen brauche, um mich von diesen Spielen zu erholen.«

»Ein Stürmer ohne Fantasie ist wie ein Tier ohne Instinkt.«

»Es kommt wieder die Zeit, da kriegen meine Kritiker keinen Tropfen Tinte mehr in ihren Füller.«

»Gar nicht so unübel, was der Ernst Happel über mich gesagt hat: **›Zauberer am Ball, Gassenjunge im Kopf‹**.«

»Wolfram Wuttke. Schuhgröße 38. Aber in diesen krummen Zwergenfüßen steckt so viel Gefühl.«

(Jörg Dahlmann)

»Ich muss erst abwarten, wie er drauf ist. Vielleicht hat er sich eine **Gehirnzerrung** zugezogen.«

(Peter Neururer)

»Der Wuttke ist heute Genie und morgen Wurschtl.«

(Ernst Happel)

»Weißkrautsalat.«

(Auf die beliebte Frage nach dem »Was macht eigentlich ...?« am Telefon)

»Das Positivste an dem Spiel war, dass ich hier viele alte Bekannte getroffen habe. Leider aber nicht den Ball.«

»Ich bin keiner, der **Fremdwörter gebraucht und dann eine Dreiviertelstunde lang vor dem Lexikon hockt** und nachschaut, was sie bedeuten.«

»Ich bin ganz zufrieden mit meiner Figur, auch wenn manchmal ein Pfund zu viel drauf ist. Das macht mir nichts aus. Im Gegenteil, das stabilisiert …«

»Ich rauche gelegentlich 'ne Zigarette. So nach dem Spiel kann das nicht schaden, das mindert die Leistung überhaupt nicht. Man muss ja nicht gleich hundert Stück paffen.«

»Das liegt meistens an den Fotografen, die machen immer so grimmige Fotos von mir.«

(Auf die Frage, warum er immer so ernst gucke)

»Zwischen Genie und Weinfass.«

(Überschrift in der »Süddeutschen Zeitung«)

Wolfram Wuttke mit Frau Brigitte am Schallplattenspieler

Starschnitt Jürgen Wegmann

»Ich bin giftiger als die giftigste Schlange.«

»Zuerst hatten wir kein Glück, und dann kam auch noch Pech dazu.«

»Das muss man verstehen, dass er Schwierigkeiten hat, sich einzugewöhnen. Er ist die deutsche Sprache noch nicht mächtig.«

»Ich habe immer gesagt, dass ich niemals nach Österreich wechseln würde.«
(Auf die Frage, ob er ***zum FC Basel wechsele****)*

Juli 1986. Jürgen Wegmann ist noch keine zwei Wochen auf Schalke, als er auf der Geschäftsstelle wie jeder andere Spieler auch 3.000 Autogrammkarten zum Unterschreiben mit auf den Nachhauseweg bekam. Am nächsten Tag stand er wieder vor der Sekretärin und forderte weitere 3.000 Autogrammkarten. Wo er die ersten 3.000 gelassen habe, fragte die Sekretärin: »Verloren?« Wegmann antwortete cool: »Nö, hab' ich in meinem Viertel verteilt.«

Jürgen Wegmann vorne, dahinter Karl-Heinz Riedle im Trikot von Blau-Weiß 90 Berlin

»Mein fairster Gegenspieler war Rolf Rüssmann von Schalke 04. **Der hat sich bei mir immer schon vor dem Foul entschuldigt.«** *(Gerd Müller)*

»Geschmeidig wie eine **Litfaßsäule**.«

(Max Merkel über Schalkes Stürmer Ralf Regenbogen)

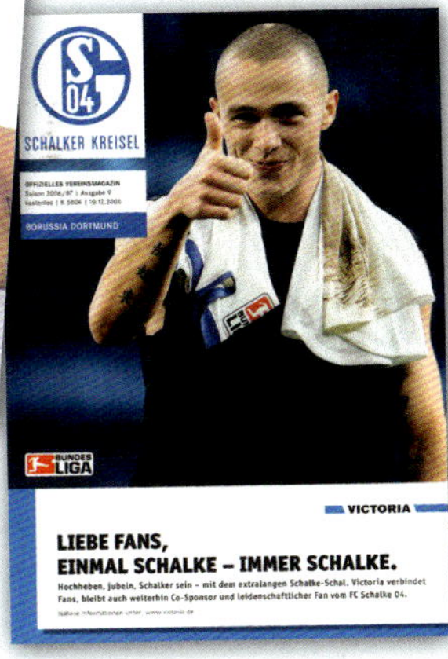

»Vielleicht ähnelt mein Körper ein bisschen einem Auto mit Ferrari-Motor und Golf-Chassis.«

(Christan Pander versucht, seine Verletzungsanfälligkeit zu erklären.)

»Lauter Opas stehen vor mir!«

(Norbert Nigbur über seine Abwehr auf Schalke)

80000 sahen das Endspiel im Niedersachsen-Stadion von Hannover

Schalke Deutscher Fußball-Meister

...de des Generals: Berni Klodt entschied den Sieg

Aus Hannover berichten die BILD-Redakteure

»Der Bengel ist so empfindlich, **der holt sich sogar einen Schnupfen, wenn er zu nah an der Drehtür steht.«**

(Max Merkel über Andreas Möller)

»Joel Matip ist einer der jungen Spieler, die mir zugelaufen sind.«

(Felix Magath)

»Kein Witz. Jens Lehmann ist der Lebensretter meines Sohnes! Zur Saison-Eröffnungsfeier war ein Podest vor dem Stadion aufgebaut, von dem mein kleiner Sohn runtergefallen ist. Unten stand Jens und hat ihn aufgefangen. Von da an war er meine Nummer 1.«

(Peter Neururer)

Jens Lehmann im Juli 1989

»Wenn im Strafraum Billard gespielt wird, steht Larsen immer da, wo der Ball hinfällt.«

(Rudi Assauer über Sören Larsen)

Kevin hat gefragt:
»Asa, wie kann ich so sexy aussehen wie du?«

(Gerald Asamoah)

»Adidas hat jetzt ein **neues Modell** rausgebracht. Das **heißt Kuranyi**, hat nur **zwei linke Schuhe und ist schon im Preis reduziert.«**

(Atze Schröder)

»Wer Freiburg vor dem Spiel für einen schwachen Gegner hielt, der irrte sich gewalttätig!«

(Lewis Holtby)

Oliver Held, Jiri Nemec, René Eijkelkamp und Mike Büskens erwarten einen Freistoß.

»Was ist der Unterschied zwischen Inter Mailand und Schalke?
Ronaldo und Eijkelkamp – Ronaldo schießt Tore, Eijkelkamp nicht.«

(René Eijkelkamp)

»Als ganzes Team haben wir versagt in der **Hinrichtung**.«

(Lewis Holtby)

»**Farfán hat sich beim Biertrinken krank gemeldet.** Es ist zu befürchten, dass er erst einmal ausfällt.«

(Felix Magath)

»Ich weiß, dass er Fallrückzieher kann. Und was sonst?«

(Aleksandar Ristic über Klaus Fischer)

»Wir können auch noch schlechter.«

(Fabian Ernst nach einer Niederlage)

Oskar reitet wieder für Schalke

Schalkes Präsident Eichberg flog meilenweit, um sich bei „Diamantenauge" Günter Siebert, seinem Vorgänger, auf Gran Canaria Rat zu holen. Eichberg bekam wertvolle Tips und einen neuen Alterspräsidenten . . .

Schalkes ehemaliger Präsident Oskar Siebert soll zum 1. Januar seinen neuen Job als Manager bei den Königsblauen antreten. Doch auf der Weihnachtsfeier des Vereins ist er so sauer über seine beschränkten Kompetenzen, dass er dem Vorsitzenden Hütsch vorschlägt, doch am besten gleich sein Gehalt einzusparen. Dieses Angebot nimmt der aktuelle Präsident gerne und auf der Stelle an. Als Siebert am nächsten Morgen wieder nüchtern ist, widerruft er seine Aussage sofort, doch Hütsch ignoriert das. Siebert ist verzweifelt: **»Ich war so betrunken, dass ich nicht mehr wusste, was ich tat.«**

»Einige meiner Stars haben zu viele weibliche Hormone!«

(Max Merkel)

»Ich will keine **Karotten**, ich will **Möhren**.«

(Volker Abramczik)

»Das Wort **›mental‹** gab es zu meiner Zeit als Fußballspieler noch gar nicht. **Nur eine Zahnpasta, die so ähnlich hieß.«**

(Rudi Assauer)

»Keine Schale in der Hand und der Torwart weggerannt, scheißegal, wir haben Raúúúúl.«

(Fangesang)

»Wir hören rein in die Choreografie der Schalke-Fans.«

(Gerhard Delling schaute in die Schalke-Kurve)

Alle Chancen ausgelassen! **Dabei haben wir das im Training überhaupt nicht geübt.**

(Aleksandar Ristic)

»In der Arena ist es so laut, da machen wir eben Flaschenpost.«

(Ralf Rangnick, nachdem er Lewan Kobiaschwili während des Spiels einen Zettel mit veränderter taktischer Ausrichtung gegeben hatte)

»Wir feiern nicht, bis der Arzt kommt. Den nehmen wir gleich mit auf die Party.«

(Peter Neururer)

»Es wird nicht ganz zur Routine, **weil ich ja mittlerweile auch die Mütter gewechselt habe!**«

(Felix Magath auf die Frage, ob Geburten ab dem fünften Kind schon zur Routine werden)

»Meine Spieler haben heute während des Spiels die **Zeit totgeschlagen** und dabei leider auch **einige Mitglieder der Gegenmannschaft verletzt.**«

(Jupp Heynckes)

Norbert Nigbur hat 1974 beim Derby des VfL Bochum gegen seine Schalker auf dem Klo sitzend den Anpfiff zur zweiten Halbzeit überhört. Als der Torhüter sein Missgeschick bemerkt, hastet er über die Baustelle des neuen Ruhrstadions auf der Suche nach dem Platz. Dort spielen sich unterdessen seine Schalker Mannschaftskollegen in der eigenen Hälfte, komplett auf Sicherheit bedacht, den Ball immer wieder hin und her. Ein riesiges Pfeifkonzert brandet auf. Keinem der Zuschauer ist Nigburs Fehlen bisher aufgefallen. Und der hat seine ganz eigenen Probleme. Als er versucht, an einem der Ordner vorbei aufs Feld zu laufen, hält dieser ihn mit den Worten zurück: **»Nicht jetzt. Das Spiel läuft doch schon.«** Schiedsrichter Volker Roth muss, als er das Fehlen endlich bemerkt, das Spiel in der 48. Minute abpfeifen. Und irgendwann taucht dann auch der Torwart des FC Schalke 04 in einer Ecke der Baustelle des Ruhrstadions völlig aufgelöst auf, und das Publikum lacht aus voller Kehle. Am Abend in der »Sportschau« blickt Norbert Nigbur schließlich treuherzig in die Kameras und sagt: **»Man wird doch wohl noch einmal müssen dürfen.«**

»Was nützt der schönste Teller, wenn nichts zum Essen darauf ist.«

(Friedel Rausch, nachdem Schalke trotz gutem Spiel keine Punkte holte)

»Die fußballerische Intelligenz ist die Grundlage, um einen sportartspezifischen Intellekt aufzubauen.«

(Peter Neururer)

»Im Fußball ist es wie bei der Liebe. Was vorher ist, kann auch sehr schön sein, aber es ist nur Händchenhalten. Der Ball muss hinein.«

(Max Merkel)

»Das größte Problem beim Fußball sind die Spieler. Wenn wir die abschaffen könnten, wäre alles gut.«

(Helmut Schulte)

»Wollen Sie Interview machen oder Fragen stellen?«

(Aleksandar Ristic)

»Wenn mein Vater da gewesen wäre, hätte sich mein Leben vollkommen anders entwickelt. Viel zielgerichteter. Dann wäre meine Mutter zu Hause gewesen. Ich hätte vernünftig für die Schule gearbeitet, einen **normalen Beruf erlernt und wäre nicht in den Fußball abgedriftet.«**

(Felix Magath)

»Wir backen kleine Brötchen. Aber viele machen auch satt.«

(Friedel Rausch)

»**So nah** waren wir als **Schalker lange nicht an der Schale**. Uns trennen 36 Kilometer.«

(Ulli Potofski, als der BVB 2011 Meister wurde)

»Der Weg über den Zaun führt ins Krankenhaus.«

(Schild am Außenzaun des alten Schalker Stadions)

»Wir schießen **zu wenig Tore**, vielleicht heißen wir deshalb auch die **Knappen**.«

(Manuel Neuer)

»Ich würde auch in einem Trikot spielen, auf dem **›Scheiße‹** statt **›Schalke‹** steht – Hauptsache, meine Kohlen stimmen.«

(Jürgen Wittkamp)

»Dat is ’ne Hundehütte mit ’nem bisken Auslauf. Von Glückskauf kannste hier nicht reden.«

(Ernst Kuzzora über das Schalker Parkstadion)

»Der war ja auf der Geschäftsstelle so beliebt wie 'n Kaktus am Nacktbadestrand!«

(Schalke-Fan über Rolf Dittrich, den ehemaligen Mediendirektor unter Felix Magath)

Nationalspieler Willi Schulz beendet seine Karriere und erzählt noch einmal seine Lieblingsgeschichte: **»Als die Schalker Fans erfuhren, dass ich zum HSV gehe, waren alle furchtbar böse. Sonst kamen sie nach einem Spiel immer in meine knüppelvolle Wirtschaft. Damit war es plötzlich vorbei. ›Bei Willi gehen wir nicht mehr inne Kneipe‹, haben sie gesagt. Nun wollten sich die Fans auf ihre Weise rächen. Sie kauften in einer in der Nähe gelegenen Trinkhalle das Bier kastenweise, tranken vor meinem Haus bis in die Nacht hinein, froren und haben auf den Schulz geschimpft. Man, habe ich gelacht. Die konnten ja nicht wissen, dass die Trinkhalle mir ebenfalls gehörte. Ich hatte sie nur vermietet und verdiente am Umsatz.«**

Willi Schulz bei seiner Hochzeit am 25.06.1964

Starschnitt
Felix Magath

»Ich hätte wohl gekündigt und wäre nach Peru zurückgegangen. Da hätte ich lieber Steine geschleppt und Erde umgegraben, als unter Herrn Magath zu spielen.«

(Jefferson Farfán)

Nach der Magath-Zeit hatte Farfán auch wieder Spaß an Trainingslagern.

»Wer unter Magath trainiert, der freut sich aufs Sterben.«

(Reiner Calmund)

»Wir haben ja das Vergnügen, ihn jeden Tag zu sehen. Da brauchen wir nicht das Internet, um mit ihm zu kommunizieren.«

(Manuel Neuer, als sein Trainer einen Account bei Facebook erstellte)

»Ich verliere nicht, weil ich keine **Spieler verpflichtet habe, sondern weil ich zu viele verpflichtet habe**. So einfach ist die Welt.«

»Ich bin kein Trainer zum Knuddeln und Liebhaben. Die Fans sollen Manuel Neuer knuddeln oder Raúl. Der ist einer zum Liebhaben.«

»Habt ihr nur Scheiße im Hirn, warum schießt Altintop Freistoß?«

(Während eines Testspiels zu den Spielern auf der Bank)

»Das ist der schlimmste Tag, seit ich auf Schalke bin. **Die haben mit uns Jojo gespielt**. Wir waren so **gefährlich wie eine Kobra im Kühlschrank**.«

(Frank Rost nach einer 0:6-Niederlage)

»Urin.«

(Manuel Neuer auf die Reporterfrage, was bei der Dopingprobe herausgekommen sei)

»Spielt ihr gegen Dortmund mit Andreas Möller oder wollt ihr gewinnen?«

(Rudi Brückner, Kommentator, zu Olaf Thon)

»Ey, sag dem Japs mal Bescheid, er soll warten, bis ich wieder stehe!«

(Manuel Neuer im Training zum Dolmetscher des Japaners Takashi Usami, als dieser zu schnell hintereinander Flanken schlug)

»Jetzt ist es schon so weit, dass **Metzelder unser Hoffnungsträger ist**.«

(Felix Magath)

»Metzelder, der Jogger. Wie gewohnt, weiß er genau, wo er stehen muss, um nicht ins Spiel einzugreifen.«

(»Frankfurter Rundschau«)

Große Weisheiten

»Abschlusstraining ist wie **Schwangerschaftsgymnastik.**«

(Rolf Rüssmann)

»Fußballprofis haben Woche für Woche Höhepunkte.«

(Jupp Heynckes)

»Fußball ist für mich: **Wer kann am härtesten schießen!«**

(Youri Mulder)

Tomasz Hajto (Mitte) geht aufs Ganze und Tomasz Waldoch (r.) ist willig, während Manager Assauer die Szene schmunzelnd beobachtet.

»Es kann doch niemand behaupten, dass Sex am richtigen Ort zur richtigen Zeit Schaden anrichtet.«

(Tomasz Waldoch)

»Wir lassen uns nicht nervös machen, und das geben wir auch nicht zu!«

(Olaf Thon)

»Ja gut, wenn man **dreimal hintereinander verliert**, dann hat man **dreimal verloren** und **null Punkte**.«

(Frank Rost)

»Zu meiner Frau habe ich ein Vater-Sohn-Verhältnis.«

(Oliver Reck)

»Ich habe noch zu wenig Kraft in den Beinen. Deswegen musste ich mit den Armen Schwung holen. Dabei habe ich ihn unabsichtlich getroffen.«

(Youri Mulder, nachdem er einem Bochumer im Luftkampf die Nase gebrochen hatte)

»Das **Doppelte** wie am Anfang.«

(Herbert Lütkebohmert auf die Frage des Vorsitzenden Richters im Bundesligaskandal-Prozess, wie viel er derzeit verdiene)

»Solche Tore hat früher nur der Olli Reck gemacht.«

(Thomas Linke über ein Eigentor)

»Zum Glück habe ich nur eine Struktur.«

(Thorsten Legat nach einem Verdacht auf Beinbruch)

»Aber eins muss man ihm lassen: **Im Training ist er Weltklasse.**«

(Peter Neururer über Walter Junghans)

»Wir haben mit offenen Karten geredet.«

(Mike Hanke über ein Gespräch mit Jupp Heynckes)

Neumann, Thon, Eichberg und Kuzorra

Es ist eine der legendärsten Schalker Geschichten überhaupt: **Die (angeblich) doppelte Beerdigung von dem S04-Idol Ernst Kuzorra**. Der damalige Präsident Günter Eichberg erinnert sich: »Damals ist Folgendes passiert. Ich hatte mit Ernst als junger Präsident von Anfang an ein Vater-Sohn-Verhältnis, das von Charly Neumann, der ihm schon immer sehr nahe stand, sehr gefördert wurde. Er hat mir geholfen, zu Ernst Kuzorra ein persönliches Verhältnis aufzubauen, denn ich konnte damals schon ermessen, was er für Schalke bedeutete. Und dann bin ich irgendwann in den Ferien gewesen, auf den Bahamas, glaube ich. Da kam meine Tochter, die damals gerade lesen konnte, mit der ›Bild‹ und sagte: **›Papa, Ernest is died.‹**

Da musste ich jetzt sehen, dass ich in drei Tagen von meinem Urlaubsort, der ja nun am anderen Ende der Welt lag, nach Gelsenkirchen kam. Und da habe ich wegen eines Verkehrsstaus einen Flieger verpasst. Als ich dann schließlich in Gelsenkirchen ankam – nachdem ich einmal um die halbe Welt geflogen war –, saßen die alle schon im Rathaus, im Festsaal, bei Kaffee und Kuchen, und Ernst war bereits in der Kuhle.

Da sind die von der Presse sofort über mich hergefallen und haben gemeint: Wenn Ernst Kuzorra stirbt, und der Präsident von Schalke ist nicht dabei, das kann nicht wahr sein. **Die haben mir auch noch weisgemacht, das wäre für die Geschichtsfindung offenbar von sensationeller Bedeutung.**

Die »richtige« Beerdigung von Ernst Kuzorra, ohne Günter Eichberg

Da habe ich gesagt, wenn ihr den Oberbürgermeister und meinen Vizepräsidenten überredet, dann gehen wir ans Grab und stellen uns nur davor – wir machen überhaupt nichts. Charly Neumann war übrigens auch noch mit dabei. Dann könnt ihr ein Foto machen und es demnächst – wegen dieser Geschichtsfindungssache natürlich – in irgendeinem Archiv aufbewahren. Das war alles, was passiert ist!

Die Jungs von der ›Bild‹, die da eine halbe Stunde oder länger um mich herumgeschwirrt waren und die mich zu diesem Blödsinn veranlassen wollten, die haben am anderen Tag natürlich nichts anderes zu tun gehabt, als zu schreiben:

›Ernst Kuzorra wurde zweimal beerdigt.‹

Dann haben die in dem Text, der darauf folgte, noch geschrieben: Wir hätten den ausgebuddelt, noch einmal hoch gehoben und runterfallen lassen. Ich schwör: Wir haben uns nur dahingestellt, es wurde ein Foto gemacht, und das war es.«

Bei einer Übung ließ ein Unteroffizier Günter Schlipper eine Dreiviertelstunde strammstehen. Als »Schlippinho« dann beim Schießen fünfmal die Scheibe nicht traf, spotten die Kollegen:

»Genau wie auf Schalke.«

Schalkes ehemaliger Bundesligastar und gebürtiger Wanne-Eickeler Jürgen Sobieray antwortet süffisant auf die Frage, warum er denn noch kein Trainer oder Manager auf Schalke geworden sei:

»Ich bin an dem Tag zufällig nicht an der Geschäftsstelle vorbeigekommen.«

»Zu schnell würde ich nicht sagen. Aber wir waren zu langsam.«

(Hamit Altintop spielt mit der Relativitätstheorie.)

»Sein Auftreten, seine Art, Fußball zu spielen. Da denke ich immer, das ist der Bruder von Mario Basler.«

(Oliver Kahn über Jörg Böhme)

»Wir haben den Agali wirklich falsch behandelt. Wir hätten im Kopf anfangen sollen und nicht im Knie.«

(Rudi Assauer über Victor Agali)

»Wer hinten steht, hat das Pech der Glücklosen.«

(Helmut Schulte)

Starschnitt
Felix Magath

»Ich habe noch Geld gesucht, aber keins gefunden.«

(Als er zu spät zu einer Pressekonferenz kam)

Uli Hoeneß: **»Noch eine Bemerkung zu Magath. Als der Clemens Tönnies ihn in Schalke entlassen hat, sagte er zu ihm: Wenn Sie so weitermachen mit ihrem Kader mit 45 Mann, dann brauchen wir für die Mannschaft einen Gelenkbus. Da entlasse ich Sie lieber!«**

»Dass die Medizinbälle BLAU sind.«

(Auf die Frage, ob Neuzugang Raúl auf Schalke 04 schon etwas kennengelernt habe)

»Ich weiß ja nicht, ob Sie das Spiel schauen oder währenddessen Karten spielen.«

(Zu einem TV-Kommentator)

»Wir dürfen alles in den Mund nehmen – **außer Alkohol**.«

»Ich bleibe bis zur Meisterschaft!«, daraufhin Udo Lattek (75): **»Dann bist du ja so alt wie ich.«**

(Während seiner Zeit auf Schalke)

Der 15. Dezember 1979 ist ein schöner Tag für Rolf Rüssmann. Er ballert Schalke mit seinem Elfmetertor zum 1:0-Sieg über den Hamburger SV und hört Sekunden später über die Stadionlautsprecher, dass er zehn Minuten zuvor Vater einer gesunden Tochter geworden ist. Seine zweite. Trainer Dietmar Schwager ist begeistert: **»Alle guten Fußballer bekommen Mädchen – ich habe auch zwei!«**

Zu den Gerüchten, dass die Schauspielerin Simone Thomalla nicht mehr bei ihm sei, sagt Assauer zu einem Reporter: »Wie? Die ist ausgezogen? Dann muss ich 14 Tage im Tiefschlaf gelegen haben. Sie geht manchmal weg zum Einkaufen. Ist aber immer wieder zurückgekommen …«

»Manchmal, wenn er vor dem Fernseher sitzt und Fußball guckt, denke ich: **Jetzt ist er irgendwo zu Hause, in seiner alten Zeit.**«

(Reinhard Libudas Mutter)

»In der Bundesliga ist es wie beim Boxen. Schluss ist erst, wenn du am Boden liegst, ausgezählt bist und nicht mehr hochkommst. Solange dies nicht der Fall ist, wird gekämpft!«

(Manfred Drexler)

Jens Lehmann auf die Frage, ob Schalker Mädchen hübscher als die aus »Doofmund« (Leserbrief: Catrin K., Löhne) seien: **»Na, klar. Das sieht man doch schon an den Farben: Schalker Mädels haben weiße Zähne und im Winter, wenn es kalt ist, blaue Lippen. Dortmunder haben nun mal 'nen schwarzen Hals und gelbe Zähne!«**

Günter Brocker greift gleich energisch durch

Zu je 500 Mark Strafe verdonnerte Schalkes Trainer Günter Brocker die beiden Spieler Höbusch (links) und Senger. Grund: Im Trainingslager Loemühle in Marl hatten beide je zwei Dosen Bier auf ihr Zimmer „geschmuggelt".

»Bei mir sind früher die Bälle kaputt gegangen. Heute halten die Köpfe nicht mehr.«

(Günter Brocker, nachdem einer seiner Spieler nach einem Kopfballduell verletzt ausgewechselt wurde)

»Hurra, wir haben's gefunden!«

(Schalker Fans auf einem Plakat im Sportpark Unterhaching)

Oskar Siebert ist von seinem Lebensmittelpunkt auf Gran Canaria ins kalte Deutschland gekommen, um sich für zwei Jahre im Amt des Präsidenten des FC Schalke 04 bestätigen zu lassen. Die Wahl findet im »Sportparadies« statt. Siebert: »Ich werde Schalke zu neuer Blüte verhelfen. Und wenn man mich trotzdem absolut nicht mehr haben will, dann kehre ich ins Paradies zurück. Allerdings nicht ins Sportparadies, sondern in mein Paradies in Porto Rico.«

Als ein HSV-Zauberer am 24. Spieltag der Saison 1997/98 Stopfnadeln im Rasen des Volksparkstadions versenkt, meint Manager Rudi Assauer trocken: **»Hauptsache, von unseren Jungs reißt sich keiner den Hintern auf.«**

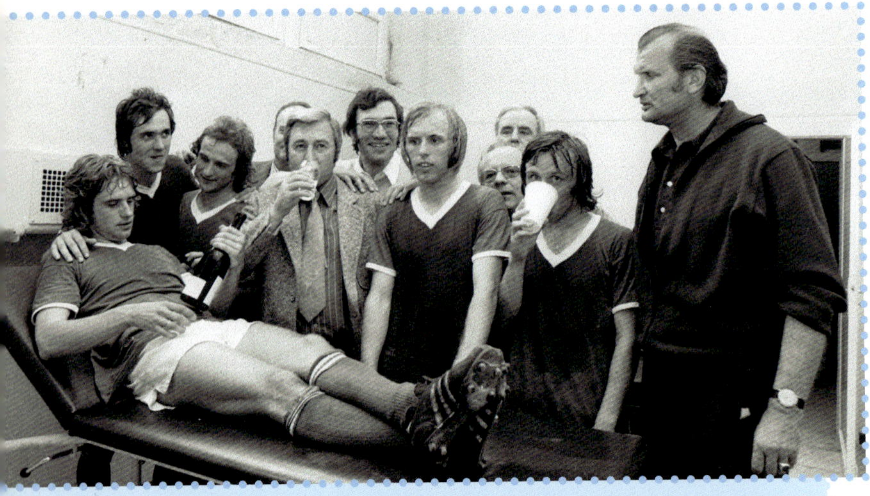

Schalke 04 – Hamburger SV (2:0) am 9. Juni 1973. Schalker Spieler feiern den Nichtabstieg in der Kabine. Auf der Trage Erwin Kremers, Präsident Siebert (trinkend) rechts Trainer Horvath.

»Ivica Horvat ist mit 1,92 m nicht nur ein langer Trainer, er ist auch ein ganz großer!«

(Rolf Rüssmann)

»Spontanes Frust-Saufen.«

(Gerald Asamoah auf die Frage, wie die Mannschaft trotz der verpassten Deutschen Meisterschaft feiern wird)

»Wir hatten heute ein Zweikampfverhalten wie Autogrammjäger.«

(Peter Neururer)

Bernd Tönnies liegt schwer krank in der Uni-Klinik von Münster. Doch der neue Präsident lässt auch dort seine königsblaue Liebe nicht ruhen: **»Ein gutes Dutzend neuer Schalke-Mitglieder habe ich schon geworben. Ich habe den Ärzten sofort gesagt: Hier darf keiner nur eine Hand an mich legen, wenn er nicht sofort die Beitrittserklärung unterschreibt. Das hat gewirkt!«**

Nach einer 3:0-Niederlage bei den Bayern hat Trainer Didi Ferner eine anständige Begründung für die Klatsche:

»Vielleicht hat uns die gute Luft hier geschadet. Wir brauchen wohl die Kohlenpottluft!«

Schalkes Neuzugang Hubert Clute-Simon hat bei seinem vorigen Verein, Alemannia Aachen, vom Masseur des Teams pro Tor eine Palette Hühnereier erhalten. Zudem konnte er das eine geschenkte Ticket pro Partie in Eier ummünzen. Auf Schalke hofft er allerdings, dass alles anders wird – wobei der Grund etwas verblüfft:

»Da bekomm ich pro Spiel ja wohl auch nicht nur eine Karte, und Eier mag ich sowieso nicht!«

Autogrammkarte von »Edel-Fan« »Schalke-Franz«

»Der hat eine solche Kraft in seinem Fuß, der kann einen Ochsen umschießen!«

(Timo Konietzka über Ingo Anderbrügge)

Schalke macht Werbung für »Schalke«. Auf der Brust der Gelsenkirchener ist keine Biermarke und keine Waschpulverfirma zu finden. Dort steht schlicht und einfach »Schalke«. Präsident Günter Siebert erklärt: **»Alles spricht von Werbung auf Trikots. Wir auch. Wir werben allerdings für uns selbst, für den FC Schalke 04.«**

»Der Ball war zu hoch, um ihn mit dem Fuß zu nehmen.«

(René Eijkelkamp erklärt eines seiner seltenen Kopfballtore.)

»Der Ünlü ist ja eh ein bisschen kräftiger an den Backen. Dem dürfte der Ramadan ganz gut tun.«

(Jupp Heynckes über seinen jungen türkischen Ersatztorwart Volkan Ünlü)

Der schwer angeschlagene Rudi Assauer sagt am Ende der Saison 2000/01 die legendären Sätze: **»Wenn es einen Fußballgott gibt, ist er ungerecht. Der ist für mich gestorben.«**

Schalke hat sich für die Saison 1987/88 die Dienste eines potenten Sponsors gesichert. 1,4 Mio. Mark für zwei Jahre ist einer Firma die Zusammenarbeit mit den Königsblauen wert. Dafür dürfen sich die Fußballfreunde auf schmissige Werbesprüche á la

»Toni im Tor, Dual im Ohr«,

»Zum guten T(h)on gehört Dual« oder

»Die Tore von Schalke, der Ton von Dual«

freuen.

»Im August 2004 wurden erstmals Kinder eingeschult, die noch niemals eine Niederlage gegen den BVB erleben mussten!«

(T-Shirts, die zur Saisoneröffnung in Gelsenkirchen kursierten)

»Ich bin der Hans Albers der Bundesliga. Der konnte saufen wie ich und auch arbeiten.«

(Udo Lattek)

Starschnitt Andreas Möller

»Mailand oder Madrid – **Hauptsache, Italien!**«

»Das kommt noch.«

(Auf die Frage, warum er es trotz vieler Erfolge nie zum Weltstar gebracht habe)

»Mein Problem ist, dass ich immer sehr **selbstkritisch** bin, **auch mir selbst gegenüber.**«

»Wir bleiben weiterhin in Lauerstellung.«

(Zur Rolle der Schalker ***als Tabellenführer****)*

»Das ist eine Deprimierung.«

»Ich gehe keinen einfach Weg, ich weiß, dass viele Fans sagen: **›Nun holt der diese Heulsuse.‹** Aber ich mache keine Fanbefragung, bevor ich jemanden verpflichte. Sonst könnte ich den Laden schließen.«

(Manager Rudi Assauer über die Verpflichtung von Andreas Möller)

»Jetzt sehe ich mein Leben anders.«

(Nach einer Grubenfahrt auf Zeche Auguste Victoria, wo er von der harten Unter-Tage-Arbeit der Bergleute mächtig beeindruckt wurde)

»Ich habe mit Erich Ribbeck telefoniert, und er hat zu mir gesagt, ich stehe für die Malta-Reise nicht zur Verfügung.«

»Ich denke, dass ich auch jemand bin, den man sehr gut anfassen kann.«

Der Ex-Rostocker Axel Kruse hat einmal die schöne Geschichte erzählt, als der FC Schalke 04 noch vor der Wende zu einem Spiel an der Ostsee antrat. Beim S04 spielte damals **Thomas Kruse** und bei der Hansa das junge Talent Axel Kruse. Und Axel wusste so gut zu gefallen, dass Manager Rudi Assauer auf dem anschließenden feucht-fröhlichen Bankett vor versammelter Mannschaft in einer launigen Rede sagte: **»Unseren Kruse lassen wir einfach hier und dafür nehmen wir euren Kruse mit. Ja?«** Der Saal lachte – bis auf Thomas und Axel Kruse. Der eine, weil er die Aussage seines Managers gar nicht so lustig empfand, und der andere, weil er ohnehin schon genug Ärger mit der Stasi hatte. Ein paar Wochen später war allerdings erst einmal Rudi Assauer selbst nicht mehr an Bord.

»Ball rund, muss in Tor eckig!«

(Helmut Schulte)

»Ich wünsche mir, dass Sportwissenschaftler endlich mal leckere Getränke erfinden. Unsere Sachen schmecken wie eingeschlafene Füße.«

(Jörg Böhme hat einen ungewöhnlichen Wunsch für das neue Jahr 2002.)

»Es ist noch nicht der Zeitpunkt, dass ich anfange, mich selbst zu belügen. Das kommt dann Montag oder Dienstag.«

(Horst Heldt nach einem 2:3 gegen Leverkusen im April 2016 auf die Frage, ob die erste Spielhälfte Mut mache oder er sich wegen der zweiten sorge)

»Der ist ja fast so dick wie unser Brasilianer.«

(Frank Baumanns Vergleich zwischen Ailton und dem Hertha-BSC-Maskottchen)

»Wenn du vor dem Tor stehst, musst du ihn einfach reinschießen. Wenn du ihn nicht reinschießt, bist du scheiße. Punkt. Das waren hundertprozentige Torchancen, da suche ich keine Ausreden. Die muss ich beide machen.«

(Donis Avdijai während seiner Zeit bei Sturm Graz)

Rudi Gutendorf (Mitte) 1969 mit Co-Trainer Diegel (l.) und Präsident Siebert

Auf Schalke läuft es nicht so richtig rund, und eigentlich weiß niemand mehr, was man noch machen könnte, um die Lage zu verbessern – außer Trainer Rudi Gutendorf. Der bittet die Mannschaft auf den Platz, schüttet zwei Berge Wäsche auf den Boden und zündet diese an. In die erstaunten Gesichter seiner Spieler sagt er:

»Ihr seid nicht schuld gewesen an den Niederlagen, die blöden Trikots waren es!«

»Deutschland hat **80 Millionen Einwohner**. **40 Millionen** wollen unsere Arena kennenlernen, und **pro Jahr** gehen **1 Million Zuschauer** rein. Wir sind also auf **40 Jahre ausverkauft**.«

(Josef Schnusenberg)

»In den Sommerferien habe ich mit meiner Familie vier Wochen Urlaub in Florida gemacht und am Ende sogar einen Hurrikan erlebt. Ich bin also sturmerprobt.«

(Ralf Rangnick bei seiner Vorstellung als Trainer auf Schalke)

»Es gibt so viele Trainer, die kommen und gehen. Irgendwann vergisst du mal die Vornamen.«

(Rudi Assauer auf den Hinweis, er hätte den neuen Schalke-Trainer Ralf Rangnick bei dessen Präsentation konsequent Rolf genannt)

»Ich habe zu meiner Mannschaft gesagt: **Stürmen.** Sie haben wohl **türmen** verstanden.«

(Aleksandar Ristic)

»**Scheiß Wetter** – und hier ist auch keine Stimmung im Stadion.«

(Tomasz Hajto über den Grund für eine 0:3-Niederlage)

Günter Eichberg erzählt, was beim Transfer mit Radmilo Mihajlovic schiefging: »Irgendwann war ich es mal leid, da habe ich gesagt: **›Pass mal auf, Mic, gib das Formular mal her. Ich unterschreib jetzt den Vertrag und habe das Handgeld offen gelassen. Ich gehe jetzt auf die Toilette, und wenn ich wiederkomme, hast du da eine Zahl eingesetzt und unterschrieben oder eben nicht.‹** Und als ich dann wiederkam, habe ich gesehen, dass er eine Zahl eingesetzt hatte, die eher in der Nähe dessen war, was ich mir in unserem Gespräch so vorgestellt hatte – nicht das, was er gedacht hatte. Erst drei Tage später habe ich dann bemerkt, als ich mir das noch einmal angeguckt habe, dass dieser kleine Sausack ein **Dollarzeichen** davor gemacht hatte. Da war dann nichts mehr zu machen und das wurde auch bezahlt und irgendwann vergessen. **Vergeben aber bis heute nicht**.«

Radmilo Mihajlovic beim Kaffeekochen

Starschnitt
Günter Eichberg

Der Schalker Frühstücksdirektor Günter Netzer tauscht sich Anfang der 1990er Jahre jeden Montagmorgen bei einer Telefonkonferenz über die weitere Zukunft des S04 aus. Diese fachmännische Beratung lässt sich der ehemalige Gladbacher Meisterspieler natürlich fürstlich entlohnen. Doch eines Tages haben Präsident Eichberg und seine Gefolgschaft genug von den spitzen Kommentaren des Halbtags-Managers und wollen Netzer feuern. Aber wer von ihnen soll dem großen Mann des deutschen Fußballs das verklickern? Wochenlang streitet man sich, wer die Rolle des Buhmanns übernehmen soll. Bis zu einem denkwürdigen Abend in einem Gasthaus im Sauerland. An einer Pinkelrinne stehend, schwören sich Eichberg und Schatzmeister Höffken in die Hand, es am nächsten Tage gemeinsam bei der Telefonkonferenz zu tun. Der herrliche Kommentar von Höffken in den gekachelten Räumlichkeiten soll wie folgt gelautet haben: **»Morgen, Günter, tun wir ihm vom Hof, ne?!«**

Als man den neuen Trainer Helmut Schulte in Eichbergs Büro nach seinem Getränkewunsch fragt, will dieser bei seinem zukünftigen Arbeitgeber nicht gleich einen schlechten Eindruck hinterlassen und bittet um ein Glas Wasser. Doch das sorgt für schwerwiegende Probleme. Beim Wörtchen »Wasser« fällt die Sekretärin fast hinten rüber. Es dauert geschlagene zehn Minuten, bis die Vorzimmerdame verlegen lächelnd zu Schulte zurückkommt. In der Hand hält sie eine Flasche Sprudel, die von einer dicken Staubschicht überzogen ist. Schulte lächelnd: »Ihr trinkt hier aber auch nicht viel Wasser, oder?!«

Präsident Günter Eichberg möchte ein Jahr nach der WM 1990 den Kameruner Lambadatänzer Roger Milla verpflichten. Doch leider klappt der Transfer nicht. Eichberg: **»Der ist im Busch verschwunden.«**

Schalke schnappt Frankfurt in letzter Minute den Dänen Bent Christensen weg – und das kam so, wie sich Günter Eichberg erinnert: **»Bent hat in dem Jahr Eintracht Frankfurt und Bayer Leverkusen im Alleingang durch sechs oder sieben Tore aus dem UEFA-Cup geschossen. Er war begehrt bei vielen europäischen Vereinen, bei denen bestimmt viel mehr Geld da war als bei Schalke 04. Durch geschickte Taktiererei und viele Gespräche, die wir da geführt haben in Kopenhagen, ist es uns gelungen, denen allen eine lange Nase zu zeigen. Ich kann mich noch genau daran erinnern, dass wir einen Vertrag hatten, den Bernd Hölzenbein bereits fix und fertig für Eintracht Frankfurt ausgehandelt hatte. Wir sind dann selbst nach Kopenhagen gefahren und haben genau diesen Vertrag in der Nacht mit den Leuten von Bröndby im Hotel durchgearbeitet. Überall dort, wo Eintracht Frankfurt stand, haben wir Schalke 04 hingeschrieben, und weil die Frankfurter nur Ratenzahlung machen wollten, haben wir das durchgestrichen und Barzahlung hingeschrieben. Und was soll ich sagen: Das hat denen von Bröndby wohl irgendwie gefallen!«**

Torsten Gütschow: Meine Stasi-Beichte

Der Dresdner Torjäger schildert exklusiv: Wie ich meine Freunde auf dem Parkplatz verraten mußte

Die Nr. 1 im Sport
Deutschlands größte Sport-Zeitschrift

Sport Bild

1,30

Nr. 6 · 29. Januar 1992

Fall Möller: Staatsanwalt ermittelt

Kaiserslautern: Sechs wollen gehen

Jetzt redet Steffi
Über ihre Krankheit und ihre Zukunft

Schalke 04: Oskar Siebert kommt zurück

Exklusiv-Foto in den Dünen von Maspalomas: Schalke-Präsident Eichberg (links) und sein Vorgänger Günter „Oskar" Siebert

Super-Bowl
Washington Redskins
Der große Sieg mit der Riesen-Statistik

OLYMPIA-SUPERSERVICE
Auf 12 Seiten! Olympia im TV ● Thoma jetzt im V-Stil ● Tomba: Ich fahre Super-G ● Der Goldschmied der deutschen Mäd…

Die Verpflichtung von Trainer Helmut Schulte geht rasend schnell und überraschend. Wie überrumpelt die komplette Schalker Gemeinde ist, kann man gut an der Reaktion ihres Oberfans Charly Neumann ablesen. Das lebende Maskottchen rennt vor Schulte davon, als er diesen auf dem Parkplatz vor der Geschäftsstelle entdeckt. Erst einige Minuten später begrüßt er den neuen Coach mit einer gewohnt herzlichen Umarmung und drückt ihm einen riesigen Wimpel in Königsblau vor die Brust. Schulte schreit laut auf. Mit schmerzverzerrtem Gesicht dreht er den Wimpel um und sieht, dass hinten vier rostige Nägel im Holz stecken. Die hatten sich tief in sein Brustfleisch gebohrt. Der neue Trainer auf Schalke tippt sich an die Stirn. **»Sag mal, Charly, spinnst du? Wo hast du denn das Ding her?«**
Neumann grinst. **»Helmut, entschuldige. Das musste doch gerade alles schnell gehen. Da hab ich den Wimpel von der Wand im Vereinsheim gerissen. 'n Schalker kennt keinen Schmerz, was?!«**

Der 15-jährige »Baller« im Jahre 1980 im Buch von Ulrich Pramann »Das bißchen Freiheit. Die fremde Welt der Fußballfans«: **»Schalke, dat is nich nur die Mannschaft. Der Fischer und der Abi. Ohne Schalke wär mein Leben 'ne Katastrophe. Öd und leer wäre dat. Schalke, dat is, wenn wir zusammen sind. Zusammen singen, zusammen stehen, zusammen saufen. Da biste nich allein. Dat tofte Gefühl, wenn die anderen vor uns türmen und wenn andere davon erzähln, un ich gehör dazu. Dat is Schalke!«**

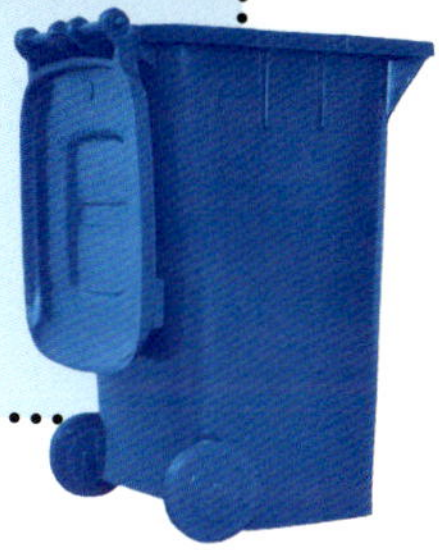

»Was Toni sagt, geht da rein und da raus. Das kannst du sofort in die Mülltonne kloppen.«

(Rudi Assauer über Ailton)

»Eigentlich hasse ich Kopfbälle. Aber seit ich mit meinem Bruder Harold einen eigenen Taxifahrer habe, der mich zwischen Zwolle und Schalke hin und her chauffiert, bin ich ausgeruht für solche Tore.«

(René Eijkelkamp)

Diese Schönheits-Königin (17) zwingt Stefan Raab vor Gericht

Nur weil sie Lisa Loch heißt, beleidigt der Moderator sie ständig im TV

»Die hat wirklich Klasse, ihre Eltern kenne ich auch, bester Stall.«

(Rudi Assauer über seine Begleitung Lisa Loch)

»Klar. Neben ihm holen wir noch Zidane und den Natz von Dülmen.«

(Assauer auf die Frage, ob er an der Verpflichtung von Diego Klimowicz interessiert sei)

»Ich bin es leid, gegen solche Mannschaften zu verlieren. Was will denn Schalke im UEFA-Cup?«

(Thomas Berthold, Schalke gewann in der darauffolgenden Saison den besagten Pokal.)

»Weiß ich nicht so genau, so etwa Ende 50, Anfang 60.«

(Hamit Altintop auf die Frage nach dem Alter seiner Mutter)

»Auch in dieser Szene **beweist der Schalker seine Schusskraft, nutzt die gesamte Höhe des Platzes**.«

(Bela Rethy kommentiert eine Szene von Jörg Böhme.)

»Er muss sich erst noch bei uns **eingliedern**.«

(Jupp Heynckes zur Integration des ***Neuzugangs Eduard Glieder****)*

»Der Edi ist so gut wie Morientes. **Egal ob Wien, Barcelona, Bagdad oder Hongkong – er wird sich überall durchsetzen**.«

(Hans Krankl)

»Die Einwürfe von Tomasz Hajto gehören verboten. Wir spielen **Fußball und nicht Handball**.«

(Klaus Augenthaler zu den weiten Einwürfen des Schalker Verteidigers)

»Wenn den Mockba nicht bald einer deckt, dann haut er uns noch mehr rein!«

(Klaus Fischer; Schalke lag in einem Freundschaftsspiel in Moskau zur Halbzeit mit 0:3 zurück, was in kyrillischen Buchstaben auf der Anzeigetafel zu lesen war: 1:0 Mockba, 2:0 Mockba, 3:0 Mockba; die identische Geschichte erzählt man sich übrigens von Stan Libuda.)

Bei der Bundeswehr fährt ein Schalke-Panzer!

Stell dir vor, unsere Jungs müssen ausrücken und es rollt ein Schalke-Panzer aufs Schlachtfeld! Kein Witz: Diese blau angemalte und mit dem Wappen von Schalke 04 verzierte „Haubitze 2000" gehört zur Bundeswehr!

Ein Leser-Reporter fotografierte die „Tor-Kanone" in Augustdorf. Die Soldaten des dort stationierten Panzerartillerie-Bataillons haben sie in ihrer Freizeit angemalt, damit ihr scheidender Kommandeur, Oberstleutnant Axel Hermelingen (45), darin eine Abschiedsrunde fahren kann. Der ist nämlich großer Schalke-Fan.

Bei der Bundeswehr nehmen sie solche Aktionen mit gelassenem Humor. So ein Abschiedsgeschenk, hieß es gegenüber BILD.de - zeuge

Der Schalke-Panzer der Bundeswehr

„S04" – mit dieser Geheimwaffe würde Schalke jede Abwehr knacke

»Ich weiß gar nicht, **wie eine Schwalbe geht.«**

(Niels Oude Kamphuis, nachdem er mit einer Schauspieleinlage einen Elfmeter provoziert hatte)

»Wir sind heute mit **aufgehobenen Köpfen** wieder rausgegangen.«

(Youri Mulder)

»Emile ist ein kleiner Luftikus, der erst noch zum Kerl werden muss. Er ist noch kein Mann, aber ich denke, das wird er auf Schalke.«

(Rudi Assauer über Emile Mpenza)

»**Der wird nicht älter**. Das Problem ist nur, er wird **auch nicht jünger**.«

(Werner Hansch über Emile Mpenza)

»Wenn er seine Hochzeitsreise dahin machen will, dann gerne.«

(Rudi Assauer auf die Frage, ob Emile Mpenza mit nach Athen fahre)

»Ich war schon als KLEINER JUNGE immer **groß**.«

(Oliver Reck)

»**Der Sandsturm** des Vorjahrs ist **verebbt**.«

(Jörg Wontorra über die Torflaute von Ebbe Sand)

Achtung Sportfreunde!

FC SCHALKE 04

spielt am 31. Dezember 1950, 14 Uhr, gegen

FC ST. PAULI

IN HAMBURG, AM MILLERNTOR

Anschließend SILVESTERBUMMEL

über die

REEPERBAHN

Die Deutsche Bundesbahn fährt aus diesem Anlaß einen Sonderzug mit Wirtschaftsbetrieb - Unterhaltung - Musik

Hinfahrt	31.12.50.	Fahrpreis einschl. Eintrittskarte zum Fußballspiel
Essen Hbf	5.10	19.95
Gelsenkirchen Hbf	5.26	19.45
Wanne-Eickel Hbf	5.13	19.15
Recklinghausen Hbf	5.45	18.65

Rückfahrt ab Hamburg am 1. Januar 1951 gegen 4 Uhr

Hohe Fahrpreisermäßigung

»Bei Ablösesummen will ich **kein Häppchen**, sondern so viel, dass **ein Happy End** draus wird.«

(Uwe Scherr, Spieler von Schalke 04)

Reporter: »Haben die da auf Abseits gespielt oder gepennt?«

Neururer: »Sowohl als auch. Einer, der auf Abseits gespielt hat, hat gepennt.«

»Ja gut, ich sag mal so: Woran hat's gelegen? Das ist natürlich die Frage, und ich sag einfach mal: Das fragt man sich nachher natürlich immer!«

(Olaf Thon auf die Frage nach dem Grund einer Niederlage)

»Jetzt holen wir noch einen ohne Bommel.«

(Rudi Assauer zu den Gerüchten um eine Verpflichtung des Niederländers Mark van Bommel)

»Ein Spieler, der eigentlich **nicht violent** ist.«

(Jupp Heynckes über Asamoah, der wegen Nachtretens des Feldes verwiesen wurde)

»Wenn du auch am Ende noch Vierter bist, dann wäre es noch grausamer. Dann guckst in die Röhre. Aber solange sich keiner im Kanal ertränkt ...«

(Assauer zu Platz vier in der Bundesliga)

»Ich habe das Los Chelsea London nicht mit Champagner gefeiert, sondern nur mit einer Banane.«

(Felix Magath nach der Auslosung der Viertelfinalspiele in der Champions League)

»Heute knall ich mir die Birne voll, bis mir das Bier zu den Ohren rausläuft!«

(Klaus Täuber)

»Ich hasse Pressekonferenzen: Zum Schweigen fehlen mir immer die richtigen Worte.«

(Aleksandar Ristic)

»Da ist zum Teil sicher auch ein **ideeller Wert enthalten.«**

(Schalkes Finanzvorstand Josef Schnusenberg versucht zu erklären, warum das für ***einen Euro erworbene Parkstadion mit 15 Millionen Euro in der Bilanz steht****.)*

Redakteur Alfred Draxler wünscht sich den Jungen des Reviers – »Er ist auf Kohle geboren!« – zurück zu den Königsblauen. Auch **Wolfram Wuttke** scheint nicht abgeneigt, seinen spanischen Verein Espanyol Barcelona vorzeitig zu verlassen. Sogar die herrliche spanische Sonne würde er gegen den Kohlenstaubnebel des Ruhrgebiets eintauschen. Für diesen Fall hat sich Wuttke bereits etwas Pfiffiges überlegt: **»Ich komme nach Hause und kauf mir 'ne Höhensonne!«**

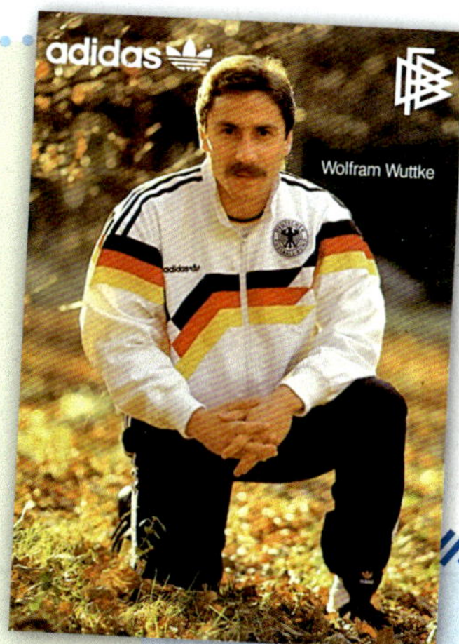

Einen interessanten Vergleich schließt der bei den Schalker Fans **als »Flattermann« oder »unsicherer Kantonist« verschriene Torhüter Walter Junghans**. Weil er häufiger mal danebengreift, **vergleicht** er sich – in einem gewagten metaphorischen Versuch – mit dem nicht immer ganz trinkfesten **Showstar Harald Juhnke: »Er kann ein ganzes Jahr oder länger nüchtern bleiben, ein einziger Rückfall aber sorgt sofort wieder für negative Schlagzeilen.«**

»Asamoah steht dumm rum, weiß wieder mal nicht, wo er hinsoll. Ball kommt, Kopfball, Tor.«

(Gerald Asamoah)

»Ich lasse mir von keinem vorschreiben, was ich trinke. Ich habe immer meine Arbeit gewissenhaft getan. Fakt ist: Wenn wir Bayern schlagen, trinke ich ein paar Bier.«

(Udo Lattek als Schalker Trainer)

»Hier baut Arminia Bielefeld.«

(Schild eines Fans nach dem Bundesligaskandal in einer Wohngegend in Gelsenkirchen, in der die halbe Schalker Mannschaft gebaut hatte)

Bauherr Norbert Nigbur! Für die Fotografen griff er schnell mal selbst zur Kelle. Wie sein Mannschaftskamerad Libuda baut auch Norbert Nigbur in Gelsenkirchen ein 12-Familien-Haus. Foto: Werek

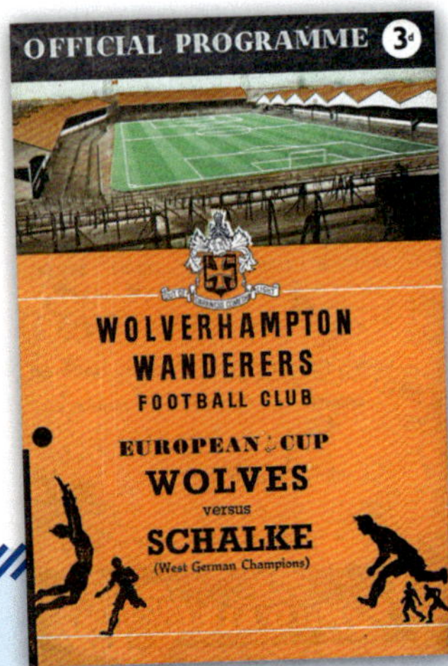

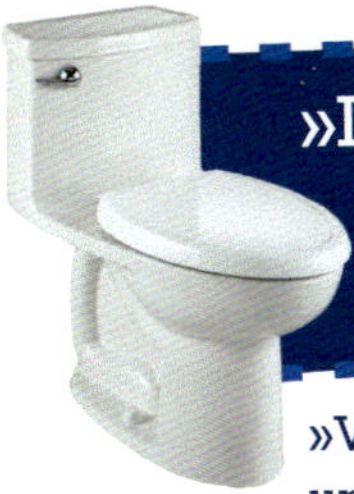

»Druck verspüre ich nur, wenn ich morgens auf die Toilette gehe.«

(Oliver Reck)

»Vielleicht müssen wir in die Backstube gehen und uns einen backen.«

(Andreas Müller als Manager zur Trainerfrage auf Schalke)

»Wir haben den Schriftzug in unserem Vereinslogo in **›Hosenscheißer 04‹** geändert. Wir konnten ein großes Sponsoringpaket mit einer Windelfirma schnüren.«

(Rudi Assauer)

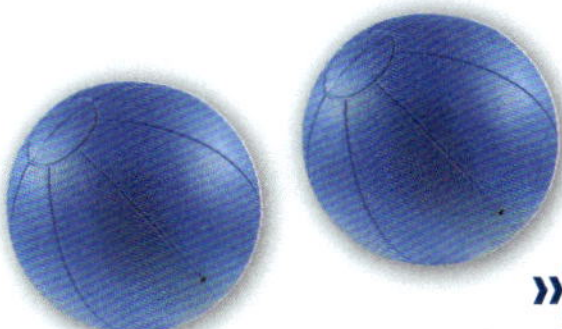

»Jetzt laufen wir mal zügig den Berg hoch. Wir ... also, das heißt, du und die beiden Medizinbälle.«

(Felix Magath)

»Wer Schalke kennt, weiß, dass man nicht so schnell dorthin zieht.«

(Jörg Berger als neuer Trainer 1994)

»Seht ihr, ich habe doch keinen Blinden gekauft.«

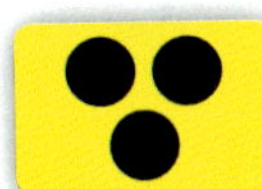

(Rudi Assauer über Victor Agali, der im Liga-Cup zwei Tore gegen Dortmund schoss)

1986: Trainer Rolf Schafstall mit Jürgen Wegmann

Nach einem Spiel gegen den 1. FC Nürnberg soll am nächsten Morgen eine Freundschaftsbegegnung in der fränkischen Umgebung stattfinden. Allerdings ohne die Stammspieler wie Klaus Täuber. Als der beinharte Stürmer nach einer durchzechten Nacht jedoch direkt zum Frühstücksbüffet ins Hotel torkelt, platzt Rolf Schafstall der Kragen. Drei Stunden später steht Klaus Täuber auf staubiger Asche und muss mit ansehen, wie sein Körper willenlos vom unterklassigen Gegner durch die Gegend geschüttelt wird. **»Das waren die härtesten neunzig Minuten meines Lebens. Ich glaube, ich habe nicht einmal den Ball gesehen«**, erinnert sich Täuber noch heute mit Schrecken an Schafstalls gerechte Strafe.

»Langsam geht es wieder Richtung Wand.«

(Felix Magath nach drei Niederlagen in Folge)

»Bin ich jetzt die **Claudia Schiffer für Arme**, oder was?!«

(Peter Neururer bei einem Fototermin)

»Ich habe ihn nur ganz leicht retuschiert.«

(Olaf Thon)

»Wenn's kalt wird, legt euch einfach auf den Boden. Die haben hier 'ne Rasenheizung.«

(Trainer Ivica Horvath bei einer Partie im Münchner Olympiastadion)

»AUF SCHALKE LÄUFT DAS BLUT IN BLAU.«

(Kevin Kuranyi)

»Immer, wenn ich **breit bin, werde ich spitz**.«

(Wolfram Wuttke)

»Ich bin so ein Typ, der immer am Lachen ist. Okay, es gibt Tage, wo man einfach nicht lachen kann.«

(Gerald Asamoah)

»Heute herrscht **schweigende Stille**.«

(Assauer zum Fanverhalten nach einem 2:2 gegen Freiburg)

»Wer vorher Kreismeister in Dinslaken war, war hier plötzlich Pokalsieger.«

(Assauer zur Selbstüberschätzung und Überheblichkeit einiger Profis)

Das ist für mich wie das Tor zur Hölle. Und ich muss da täglich durch, wenn ich meinen Passat aus der Garage hole!

*(Schalke-Fan Manni Buß, der nach einer verlorenen Wette **sein Garagentor schwarz-gelb streichen musste**)*

Ben Redelings …

… ist einer der beliebtesten Geschichten-Erzähler des Landes, das wandelnde Lexikon der Fußball-Anekdoten und »der ungekrönte Meister im Aufspüren kurioser Fußballgeschichten« (Deutsche Akademie für Fußballkultur). Regelmäßig schreibt er für das Magazin *11FREUNDE*, den *Reviersport*, *Spiegel Online* und *n-tv.de*. Nach Meinung der *Jungen Welt* tut er dies sogar »um Längen besser als Nick Hornby«.

Seine Fußballabende SCUDETTO sind deutschlandweit bekannt, regelmäßig ausverkauft und genießen Kultstatus. In den letzten Jahren hat er zahlreiche Bücher im Bereich Fußball veröffentlicht. Darunter den Bestseller »50 Jahre Bundesliga. Das Jubiläumsalbum«. Mit seiner Frau und den beiden Söhnen lebt und arbeitet Ben Redelings in Bochum.

Termine und weitere Infos:
www.scudetto.de

»Unterhaltsam wie eh und je aufgeschrieben, launig zusammengefasst und mit einer Detailliebe für unnützes Wissen. Solches Wissen braucht eigentlich kein Mensch. Fußballfans, für die das Spiel nicht nach 90 Minuten vorbei ist, schon.«
(11 Freunde)

»Perfekt für jeden Hobby-Historiker mit Fußballsucht.«
(WAZ)

ISBN 978-3-7307-0219-2, € 16,90

Weitere Alben

Je 160 Seiten, Paperback

9,99 €

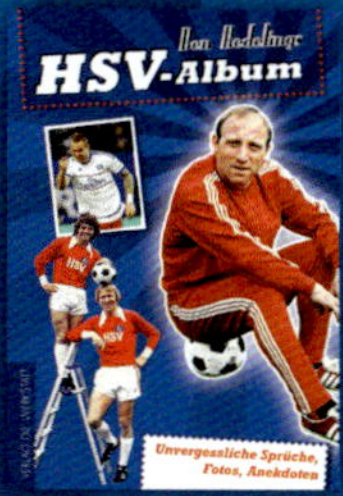

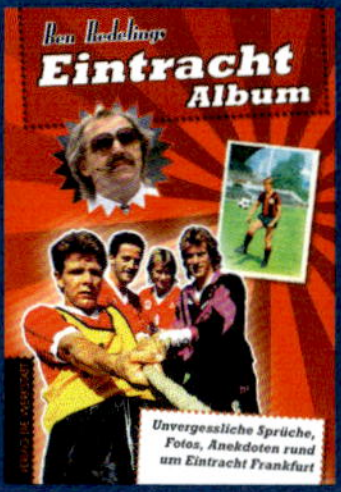

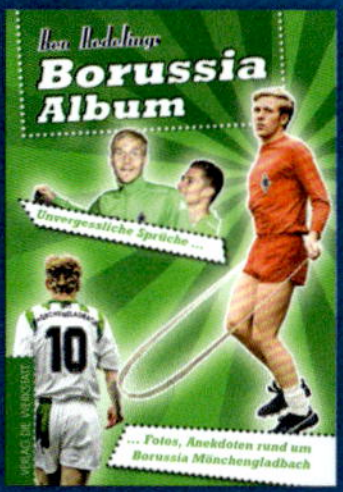

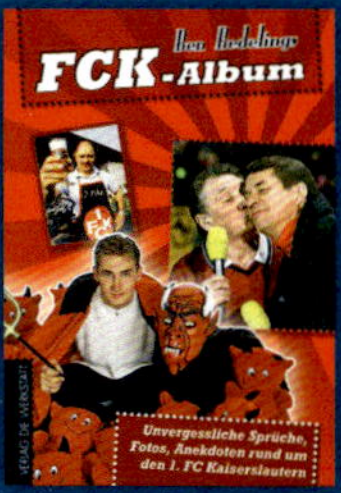

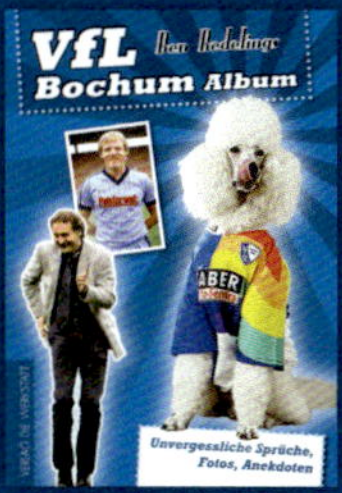

www.werkstatt-verlag.de